O Guia de Bolso para Quem Não É C.D.F.

Frases em Francês

Tradução da Terceira Edição

Gail Stein

ALTA BOOKS
EDITORA
Rio de Janeiro, 2012

O Guia de Bolso Para Quem Não É CDF: Frases em Francês – Tradução da 3ª edição

ISBN: 978-85-7608-615-4

Produção Editorial
Editora Alta Books

Gerência Editorial
Anderson da Silva Vieira

Supervisão Editorial
Angel Cabeza
Augusto Coutinho

Controle de Qualidade Editorial
Sergio Luiz de Souza

Editoria de Séries
Adalberto Taconi
Ísis Batista
Jaciara Lima
Thiê Alves

Equipe Editorial
Andréa Bellotti
Andreza Farias
Bruna Serrano
Cristiane Santos
Daniel Siqueira
Gianna Campolina
Heloisa Pereira
Iuri Santos
Juliana de Paulo
Lara Gouvêa
Licia Oliveira
Mateus Alves
Milena Souza
Marcelo Vieira
Patrícia Fadel
Paulo Roberto
Pedro Sá
Rafael Surgek
Vanessa Gomes
Vinicius Damasceno

Tradução
Eni Ramaldes Aydar

Revisão Gramatical
Kátia Maria Farias
Thiê Alves

Revisão Técnica
Joanna Barrão Ferreira
Mestre em Linguística e professora de francês pela UERJ.

Diagramação
Márcia Matos

Marketing e Promoção
Daniel Schilklaper
marketing@altabooks.com.br

1ª Edição, 2012

Dados Internacionais de Catalogação na Publicação (CIP)

S819g Stein, Gail.
O guia de bolso para quem não é C.D.F. : frases em francês / Gail Stein ; [tradução Eni Ramaldes Aydar]. – Rio de Janeiro, RJ : Alta Books, 2012.
288 p. : il.
Inclui índice e apêndice.
Tradução da terceira edição norte-americana.
Tradução de: The pocket idiot's guide to French phrases.
ISBN 978-85-7608-615-4

1 1. Língua francesa - Conversação e frases. 2. Língua francesa - Gramática. 3. Língua francesa - Fala. I. Título.
2

CDU 804.0
CDD 445

Índice para catálogo sistemático:
1. Língua francesa 804.0
(Bibliotecária responsável: Sabrina Leal Araujo – CRB 10/1507)

ALTA BOOKS
EDITORA

Rua Viúva Cláudio, 291 – Bairro Industrial do Jacaré
CEP: 20970-031 – Rio de Janeiro – Tels.: 21 3278-8069/8419 Fax: 21 3277-1253
www.altabooks.com.br – e-mail: altabooks@altabooks.com.br
www.facebook.com/altabooks – www.twitter.com/alta_books

Este livro é dedicado ao meu paciente marido e revisor, Douglas; aos meus filhos, Eric e Michael; à minha mãe, Sara Bernstein; e à memória do meu pai, Jack Bernstein.

Sumário

Apêndices

Introdução

Com o rápido crescimento atual e com a expansão multicultural, a aquisição de pelo menos uma língua estrangeira é uma obrigação na vida profissional e na vida pessoal de qualquer pessoa. Se você viaja, trabalha ou apenas estuda, você vai precisar de um curso intensivo ou um treinamento em francês. A hora chegou, é AGORA!

Aprender francês levará você a um mundo de infinitas possibilidades, experiências interessantes e desafios emocionantes. Aprender francês dará a você a chave que abre as portas para um estilo de vida diferente, uma cultura peculiar, e uma perspectiva única e romântica sobre a vida. Aprender francês lhe proporcionará uma valiosa ferramenta que ajudará em situações inesperadas. Abra sua mente e mergulhe nesta maravilhosa experiência. Estude francês com paciência e amor e colherá frutos ilimitados.

O Que Esperar Deste Livro

Então... você está curioso sobre o francês e é por isso que adquiriu este livro! É muito útil aprender esta língua românica popular, pois ela é utilizada internacionalmente: é falada nos sete continentes do mundo. Onde quer que você vá, você verá que o conhecimento da língua francesa é indispensável e enriquecerá muito as suas experiências.

Agora, se você for como a maioria de nós, desejará alcançar resultados rápidos e fáceis com uma quantidade mínima de trabalho. Então este livro é para você. Você vai aprender tudo sobre a pronúncia e a gramática, sem dificuldade e sem esforço, e com velocidade e precisão no aprendizado. Os estudantes, viajantes e pessoas de negócios encontrarão além do básico, o vocabulário cotidiano e expressões que são úteis em todas as situações. São apresentados vários temas: alimentação, vestuário, saúde, atividades de lazer, vocabulário comercial e muito mais.

Este livro não é apenas um livro de frases, um guia de viagem, ou um texto em língua estrangeira. O que faz *O Guia de Bolso para Quem Não É C.D.F. - Frases em Francês* ser único é que ele combina resumidamente todos esses três elementos. Proporciona uma ferramenta extremamente útil àqueles que buscam um ótimo domínio no francês. Em qualquer ocasião, vai entender e ser entendido em francês com facilidade e prazer. Sem constrangimento e frustração. Sim, aprender pode ser divertido!

Extras Para Ajudar

Além das expressões idiomáticas, frases úteis, listas de palavras do vocabulário e gramática prática, este livro contém informações úteis nas barras laterais em todo o texto.

Atenção!

Fique alerta! Este espaço ensinará a evitar erros comuns.

Exercício Extra

Neste espaço você poderá praticar o que aprendeu. Estas dicas e sugestões sobre como praticar a língua o ajudarão a aperfeiçoar seus conhecimentos de francês.

Agradecimentos

Muito obrigada! Muito obrigada! Agradeço a muitas pessoas que fizeram a diferença e enriqueceram a minha vida.

Um especial "amo vocês", acompanhado de beijos e abraços a:

Marty Hyman, por me dar o melhor aconselhamento jurídico do mundo; Chris Levy por ser o melhor conselheiro e confidente do mundo, por sempre saber qual o melhor caminho a seguir, e por me ensinar as lições que precisava aprender; e Michele Wells por me ajudar, apoiar e contribuir.

Gostaria de agradecer também a contribuição, o apoio e interesse das seguintes pessoas:

Natercia Alves, Marie-Claire Antoine, Barbara Gilson, Marie-Madeleine Saphire, Jennifer Moore, Jan Lynn e a equipe da Alpha Produções.

Agradecimentos Especiais ao Revisor Técnico

O livro original foi revisado por um profissional que verificou com precisão várias vezes o que você vai aprender aqui, a fim de garantir que este livro proporcione tudo de que você precisa saber para aprender francês. Agradecimento especial a Angelika Koerner.

Marca Registrada

Todos os termos mencionados neste livro que possam ser marcas registradas ou marcas de serviço foram apropriadamente capitalizados. As editoras não podem atestar a exatidão dessas informações. O uso de termos deste livro não pode ser considerado ilegal em relação às marcas registradas ou marcas de serviço.

O Mais Rápido e Mais Fácil Guia de Pronúncia

Antes de iniciar os capítulos, você deve se familiarizar com o guia de pronúncia nesta seção. A pronúncia da língua francesa é irresistivelmente muito simples, principalmente se você teve a sorte de nascer com "bons ouvidos". Se você for capaz de fazer uma melodia ou tocar um instrumento, não terá nenhum problema em imitar a cadência, a entonação e a fonética da língua. Apenas siga estes passos rápidos e fáceis.

- Perca sua timidez imediatamente e fale com o melhor sotaque francês. Não tenha medo de soltar o artista que existe em você!
- Permita-se errar enquanto fala a língua.
- Pronuncie os sons nasais da língua francesa, utilizando de maneira correta a nasalização das palavras.
- Lembre-se de que algumas pronúncias em francês mudam o som da letra dependendo do lugar onde esta se encontra.

- Entenda que para melhorar sua pronúncia é preciso prática e dedicação. Seja paciente!

Sílaba Tônica

Em francês, cada sílaba da palavra possui a mesma tonicidade, porém, ao falar, tente pronunciar cada sílaba da palavra com a mesma ênfase, talvez com ênfase menor na última sílaba de um enunciado. Fale suavemente, sonoramente e sem pausa. Uma boa dica: mantenha-se equilibrado para melhores resultados.

Ligação ou Elisão?

Ligação (junção) e *elisão* (supressão) são dois elementos linguísticos que complementam a beleza da língua francesa, proporcionando fluidez e melodia.

A ligação se refere à junção da consoante final de uma palavra terminada em vogal com a próxima palavra.

Vous arrivez *vu za-ri-vê*

A elisão ocorre quando há duas vogais que são pronunciadas: uma vogal no final da palavra e outra no início da próxima palavra. A primeira vogal é suprimida e substituída por apóstrofo. Simplesmente pronuncie as palavras juntas:

Je + arrive	J'arrive	*ja-riv*
Le + hôtel	l'hôtel	*lotel*

Marcas de Acentuação

Pense em marcas de acentuação como guia de pronúncia que o ajudará a falar como um nativo.
Em francês existem cinco diferentes marcas de acentuação que devem ser utilizadas para alterar os sons das letras (*é* e *è*, *à* e *â*, e assim por diante), para diferenciar os significados entre duas palavras cujas grafias são iguais (*a* significa *ter*, e *à* significa *para* ou *na/no*; *ou* significa *ou* e *où* significa *onde*, e assim por diante), ou para substituir um *s*, que pertenceu à palavra há muitos séculos atrás no francês arcaico.

- Um *acento agudo* (´) é somente usado no e (é). O "é" produz o som de (ê) como em degradê.
- Um *acento grave* (`) é utilizado com *a* (à), *e* (è), e *u* (ù). Em um *e*, um acento grave produz o som de (*eh*), como o *e* na palavra *martelo*. Porém, o som de *a* (à) ou do *u* (ù) não muda.

  Dica: a acentuação da letra *e* em francês funciona de forma diferente da do português. O acento agudo fecha o som e o acento grave abre o som da letra *e*.

  Ex.: très - muito - *trés*, né - nascido - *nê*
- Pode ser utilizado um acento *circunflexo* (^) em todas as vogais: *â, ê, î, ô* e *û*. Para o *â* e *ô*, o som da vogal é longa, para *ê* é um pouco longa, e para *î* e *û*, é quase imperceptível.

- Um *trema* (¨) ocorre na segunda vogal em uma sequência. Este acento indica que as duas vogais são pronunciadas separadamente, cada uma com um som diferente: por exemplo, Haïti (*a-i-ti*) e Noël (*no-el*).

As vogais francesas são um pouco complicadas porque cada uma possui sonoridades diferentes, e existem regras específicas e marcas de acentuação que ajudarão a pronunciá-las de forma correta.

O acento agudo do *é* pode ser substituído por *s*, que era utilizado no francês arcaico. Colocando mentalmente um *s* logo após o *é*, pode ajudar a descobrir o significado da palavra mais facilmente.
Veja se você consegue descobrir o significado destas palavras: *éponge* (esponja) e *étranger* (estrangeiro).

O circunflexo *(circonflexe)* também pode ser substituído por um *s* do francês arcaico. Coloque mentalmente um s na palavra para ver se você descobre o significado: *forêt* (floresta) e *fête* (festa).

Letra Francesa	Símbolo	Guia de Pronúncia
a, à, â	a	Diga ***a*** como em sp***a***. Abra a boca e diga ahhh..
é, final ***er***, e ***ez***; ***es*** em algumas palavras monossílabas	e	Diga ***e*** como em s***ei***
e em palavras monossílabas ou no meio da palavra seguido por uma única consoante	ê	O som não existe em português. Para chegar ao som próximo, faça a articulação da boca em ***o*** e pronuncie a letra ***e***

continua

continuação

Letra Francesa	Símbolo	Guia de Pronúncia
è, ***ê*** e ***e*** (mais de duas consoantes ou uma consoante pronunciada no final) et, ei, ai	eh	Diga *e* como em m*e*stre.
i, î, y	i	Diga ***i*** como em rev***i***sta.
i + ll, il, precedido de vogal.	y	Diga *y* como em igreja. Para combinações de ill, ail, ou eil. Lembre-se de não pronunciar o l.

Atenção!

A combinação das letras i + ll geralmente é pronunciada como o y sonoro. Porém, nas palavras seguintes, i + ll é pronunciado como il:

Ville *(vile)*	million *(milion)*
Village *(vi-laj)*	mille *(mile)*
Tranquille *(trankile)*	

Letra Francesa	Símbolo	Guia de Pronúncia
o (antes do se), o (último som pronunciado da palavra) ô, au, eau	o	Diga ***o*** como em ***no***. Mantenha os lábios arredondados.
o seguido por uma consoante pronunciada com outra consoante que não seja o s	ó	Diga ***o*** como ***o***vos.

Letra Francesa	Símbolo	Guia de Pronúncia
ou, où, oû	u	Diga ***u*** como em t***u***do
oi	uá	Diga ***uá*** como em ***uái*** dos mineiros.

Atenção!

Você pode ficar tentado a pronunciar o *oi* , como o som ouvido na palavra boia. Evite essa armadilha. Pratique o correto som de *uá*, até que esteja na ponta da língua.

Letra Francesa	Símbolo	Guia de Pronúncia
u, û	ew	O som não existe em português. Para chegar ao som próximo, faça a articulação da boca em ***u*** e pronuncie a letra **i**. Usaremos ***ew*** para representar a pronúncia.

Em português, não há nenhum som equivalente ao som francês *u*. Tente o seguinte: articule como em *u* de s*u*a, enquanto tenta dizer *i* como em f*i*ta. Ao tentar produzir o som, se concentre em fazer "um biquinho". Isto é o mais próximo que você pode chegar.

Atenção!

Em francês, o *y* é considerado uma vogal. O h pode ou não ser considerado uma vogal. Veja a explicação seguinte.

O Nariz Sabe Tudo

Os sons nasais ocorrem quando uma vogal é precedida por um *n* ou *m* na mesma sílaba. No guia de pronúncia, você verá uma vogal sonora seguida de N. Isto indica que ela possui um som nasal.

Nasal Francês	Símbolo	Guia de pronúncia
an (am), en (em)	ahN	Similar ao *am* de *campeão.*
in (im), ain (aim)	aN	Similar ao *an*, com pequena ênfase no *n.*
oin	oaN	uã
ien	yaN	Similar ao *yan* de Ian.
on (om)	ohN	Similar ao *on*, como em *longo.*
un (um)	ahN	Similar ao *an*, como em *andar.*

Concentre-se nas Consoantes

A maioria das consoantes finais não é pronunciada, exceto nas palavras que terminam em *c*, *r*, *f*, e *l*. O final *s* não é pronunciado em francês, então, evite a tentação. Se você fizer isso, vai denunciar seu desconhecimento da língua.

Dica: A letra *l* em francês é pronunciada de forma diferente da que estamos habituados. Quando for pronunciá-la, lembre-se de colocar a língua no céu da boca.

Letra Francesa	**Símbolo**	**Guia de pronúncia**
b, d, f, k, l, m, n, p, s, t, v, z	O mesmo.	O mesmo do português.
c (som forte antes de a, o, u, ou consoante) qu, final q	k	Diga o ***c*** como em **c**artão.
c (som fraco antes de e, i, y) ç, s, no início da palavra, -tion, x (apenas nas palavras dadas)	s	Diga o ***c*** como em **c**ento.
ch	ch	Diga o ***ch*** como em man**ch**a.
g (som forte antes de a, o, u ou consoante), gu (antes de i, e, y)	g	Diga o ***g*** como em **g**ordo.
g (som fraco antes de e, i, y) ge (som fraco antes de a, o), j	j	Diga o ***j*** como em ho**j**e.
gn	nh	Diga o ***nh*** como em champi**gn**on.
h		Sempre silencioso.

Na maioria das vezes, o *h* é utilizado como vogal, portanto, exige elisão com a vogal que o precede: *l'homme (o homem)*. Em outros casos, o *h* é utilizado como uma consoante e não exige elisão com a vogal que o precede: *le héros*. Para saber como pronunciar o *h*, você deve consultar um dicionário, onde a consoante *h* é geralmente indicada com um asterisco (*).

Letra Francesa	Símbolo	Guia de pronúncia
r	r	Sem equivalente.
s (entre vogais), sion	z	Diga **z** como em **z**ero.
th	t	Diga **t** como em **t**a**t**u.
x + consoante	ks	Diga **xc** como em e**xc**el.
x + vogal	egz	Não há pronúncia em português, mas se pronuncia da maneira como se lê o símbolo.

Atenção!

O *r* francês exige a participação da sua garganta. Primeiramente, coloque sua língua no fundo da boca, e descanse-a entre os dentes. Mantenha-a presa lá, fora do caminho. Agora, limpe sua garganta ou gargareje, e ao mesmo tempo diga "r" na parte de trás da sua garganta. Pronto! Você conseguiu pronunciar o *r* francês. No entanto, aqui vai um conselho: Não enrole o seu *r*; isso é o que se faz em espanhol. E não enrole sua língua; isso é o que se faz em inglês.

Capítulo 1

Estratégias para o Sucesso

Neste Capítulo

- Iniciando de forma correta
- As coisas que você já sabe
- Falar com naturalidade

Agora você decidiu estudar francês e quer começar logo. Agora você está à procura de um método descomplicado, porém eficiente de realizar seu objetivo. É simples: mergulhe nisso. Isso mesmo, mergulhe fundo em tudo que diz respeito ao francês. Você precisa ter um *affaire d'amour* com a língua, a cultura e os costumes do mundo francófono.

A Caminho

Se você quer a chave para uma relação duradoura, compromissada e maravilhosa com o francês, basta seguir estas sugestões testadas e aprovadas:

- Avalie seus objetivos com honestidade. Avalie suas habilidades. Decida quanto tempo e energia você está disposto a investir em seus estudos e, em seguida, concentre-se no seu plano de estudo. Não tenha pressa! Continue no ritmo que atenda às suas necessidades.
- Invista em um bom dicionário bilíngue. Para muitos alunos, a versão de bolso (que geralmente custa entre R$ 10,00 e R$ 25,00) é mais do que suficiente. No entanto, para os mais aplicados pode ser necessário um dicionário mais completo, como o *Larousse* (aproximadamente R$ 60,00).
- Nunca desperdice uma oportunidade de envolver-se com a língua. Existe uma grande variedade de filmes em locadoras (não caia na tentação de ler as legendas). Existem também muitos programas de rádio e TV disponívies na internet e na TV a cabo. Além disso, revistas e jornais franceses estão disponíveis na maioria das grandes cidades brasileiras. Veja e ouça o tempo todo! Você também pode adquirir CDs de idioma em bibliotecas locais ou na faculdade e se concentrar nos sons do francês.
- Leia! Leia! Leia! Leia tudo o que estiver ao seu alcance. Leia para você mesmo, ou em voz alta na frente de um espelho, ou para seus amigos. Assim você pratica sua compreensão e seu sotaque de uma só vez. Tente ler livros em quadrinhos, livros infantis e contos de fadas. Eles são divertidos e interessantes! Pegue uma cópia do *Le Monde*, um jornal francês, e se concentre no que está acontecendo no mundo francófono.

- Encontre um lugar confortável em sua casa para usar como local de aprendizagem e monte *un coin français* (um canto de francês). Use cartazes e artigos para decorar este lugar que será dedicado ao seu novo projeto, a partir de agora. Cole fotos de itens de vocabulário que você deseja dominar. Organize e mantenha todo o material de francês nesta área especial.

É Hora de Começar

Não fique nervoso, mas aqui está um questionário rápido para verificar o quanto você sabe. Você reconhece as palavras: *café*, *restaurant*, *amateur*, *boutique* e *bureau*? Claro que sim. Seu conhecimento da língua francesa é, sem dúvida, surpreendentemente extenso.

Você provavelmente nem sequer imagina quantas palavras e expressões em francês já fazem parte do seu vocabulário. E existem em português também várias frases semelhantes que você vai achar muito fácil de usar e entender, sem nenhum esforço.

Criando com Cognatos

Você quer criar um extenso vocabulário em francês de um modo que você nunca viu antes? É muito fácil! Basta aprender os cognatos! O que é um cognato? É simplesmente uma palavra que tem a mesma grafia, ou quase a mesma, que uma palavra em português que tem o mesmo significado. Às vezes, pegamos emprestado a palavra do francês, letra por letra, e a transformamos em uma parte do nosso próprio vocabulário. Claro, os cognatos são pronunciados de forma diferente em cada língua, mas o significado da palavra francesa é bastante óbvio para qualquer pessoa que fale português.

As Tabelas 1.1 e 1.2 ajudarão a dar um pontapé inicial. Segue abaixo listas de algumas palavras que possuem os mesmos significados (ou quase o mesmo) em ambas as línguas:

Tabela 1.1 Cognatos Perfeitos

Adjetivos		Substantivos	
	Le	**La**	**L'**
bravo *bra-vo*	ballet *ba-lé*	blouse *bluz*	accident *ak-si-dahN*
chic *chik*	bureau *bew-ro*	date *dat*	accord *a-kór*
contente *kohN-tahNt*	chef *chef*	dispute *dis-pewt*	ambulance *ahN-bew-lahNs*
imense *I-mahNs*	client *cliahN*	note *nót*	animal *a-ni-mal*
permanente *per-ma-nahNt*	sandwich *sahN-du-itch*	boite *buat*	omelette *o-me-lét*
démodé *dê-mo-dê*	soda *sô-da*	maquette *ma-két*	abat-jour *aba-jur*

Cognatos Próximos

A Tabela 1.2 lista os cognatos que são quase os mesmos em francês e em português. Pronuncie as palavras em francês e compare-as com seus equivalentes em português. Lembre-se: seu objetivo é o som francês.

Tabela 1.2 Cognatos Quase Perfeitos

Adjetivos		Substantivos	
	Le	**La**	**L'**
américain *a-mê-ri-caN*	bébé *bê-bê*	banque *bahNk*	acteur *ak-teewr*
différent *di-fê-rahN*	dictionnaire *dik-sio-nér*	famille *fa-mi'e*	appartement *a-par-te-mahN*
intéressant *ahN-te-re-sahN*	parc *pahrk*	musique *mew-zik*	artiste *ar-tist*
populaire *po-pew-lér*	téléphone *têlê-fon*	soupe *sup*	hôtel *ho-tel*
sportif *spor-tif*	touriste *tu-rist*	télévision *tê-lê-vi-zichN*	université *ew-ni-ver-si-tê*

Verbos

Os verbos também podem ser cognatos. A maioria dos verbos franceses está entre um dos três grupos verbais "regulares". Explicaremos com mais detalhes a diferença entre verbos regulares e irregulares no Capítulo 2. A seguir, listamos alguns cognatos verbais que são fáceis de reconhecer na Tabela 1.3.

Tabela 1.3 Cognatos Verbais

Francês	Pronúncia	Francês	Pronúncia
		Grupo -er	
accompagner	*a-kohN-pahN-nhê*	passer	*pah-sê*
aimer	*emê*	payer	*pah-yê*
envoyer	*ahN-vuálê*	préparer	*pré-pa-rê*
commencer	*koh-mahN-sê*	présenter	*pré-zahN-tê*
décider	*dê-ci-dê*	recommander	*re-koh-mahN-dê*
demander	*dê-mahN-dê*	refuser	*re-fiu-sê*
désirer	*dê-zi-rê*	téléphoner	*tê-lê-fo-nê*
habiter	*a-bi-tê*	hésiter	*ê-zi-tê*
entrer	*ahN-trê*	réparer	*rê-pah-rê*
ignorer	*i-nyoh-rê*	réserver	*rê-zehr-vê*
penser	*pahN-sê*	gagner	*gahN-nhê*
pardonner	*pahr-doh-nê*	continuer	*cohN-ti-nuê*
	Grupo -ir		***Grupo -re***
réfléchir	*rê-flê-chir*	défendre	*dê-fahNdr*
applaudir	*ah-plo-dir*	répondre	*rê-pohNdr*
atterrir	*a-tê-rir*	vendre	*vahNdr*

Cuidado com as palavras que parecem ser cognatas, porém possuem significados diferentes:

attendre (*a-tahNdr*) esperar
comment (*ko-mahN*) como
dentelle (*daN-tel*) renda
depuis (*dê-pui*) desde
rester (*res-tê*) permanecer
sale (*sal*) sujo

Dicas Especiais

Mencionamos anteriormente algumas dicas especiais de pronúncia. Na Tabela 1.4, você verá como adicionar um *s* após o acento circunflexo (^) ou após o *é* ajudará você a descobrir o significado de muitas palavras.

Tabela 1.4 Dicas Especiais

Acento (^)	Português	é	Português
coûter (*ku-tê*)	custar	écarlate (*é-kar-lat*)	escarlate
		échapper (*é-cha-pê*)	escapar
fête (*fét*)	festa	école (*é-kol*)	escola
forêt (*foh-reh*)	floresta		
hôpital (*o-pi-tal*)	hospital	éponge (*é-pohNj*)	esponja

Exercício Extra

Mantenha um arquivo de fichas com as expressões que você aprendeu em cada capítulo. Tente usar as que serão mais úteis para você em situações nas quais você vai usar o idioma.

Capítulo 2

Gramática *tout de suite*

Neste Capítulo

- Substantivos
- Verbos
- Adjetivos
- Advérbios
- Preposições

Então, você realmente quer falar francês como um nativo. Bem, você ficará encantado em saber que falar uma língua estrangeira não significa que você tem que gastar horas decorando regras e traduzindo frases palavra por palavra. Atualmente, com as novas técnicas de comunicação, os estudantes de línguas estrangeiras não precisam sair por aí carregando um enorme dicionário de francês. Os estudantes utilizam cada vez mais a linguagem e seus padrões de forma mais natural, exatamente como um nativo. Para atingir este objetivo, você precisa saber algumas regras básicas de gramática.

O Substantivo é Tudo

Os substantivos se referem a pessoas, lugares, coisas ou ideias. Assim como em português, os substantivos podem ser substituídos por pronomes (como ele, ela, eles, elas). Todos os substantivos em francês possuem gênero, uma designação masculina e feminina. Em francês, todos os substantivos possuem um número (singular e plural). Os artigos (palavras representadas por "o, a" ou "um, uma") funcionam como desinências nominais, que normalmente ajudam a identificar o gênero e número. Não se preocupe muito com isso. Mesmo que você utilize o gênero ou número incorreto, você entenderá ao escolher a palavra adequada.

Gênero

O gênero, é claro, é muito óbvio quando você fala sobre um homem ou uma mulher. Mas pode ser um pouco complicado com alguns substantivos que se referem aos objetos. Utilize os artigos singulares identificados na Tabela 2.1 para expressar "o, a" ou "um, uma":

Tabela 2.1 Artigos Singulares

	Masculino	Feminino
o, a	le (l') *(lê)*	la (l') *(la)*
um, uma	un *(ahN)*	une *(ewn)*

Alguns substantivos podem ser masculinos ou femininos, dependendo se o falante está se referindo a um homem ou mulher. Mude apenas o artigo, sem alterar a grafia do substantivo:

un enfant une enfant
le touriste la touriste

Atenção!

Em palavras iniciadas com vogal ou vogal sonora (h, y) o artigo definido *le* e *la* se transformam em *l'*. Embora seja fácil determinar o gênero masculino e feminino do substantivo quando o *le* ou *la* é usado, o gênero do substantivo torna-se um mistério quando se usa o *l'* (masculino ou feminino). Para falar corretamente, você terá que aprender as regras do artigo indefinido *un* ou *une* para toda palavra iniciada com uma vogal.

Alguns substantivos são sempre apenas masculino ou feminino, não importando o sexo da pessoa a quem você se refere:

Sempre Masculino	Sempre Feminino
bébé *(bê-bê)* bebê	connaissance *(ko-ne-ssahNs)*/ conhecimento
dentiste *(dahN-tist)*/dentista	personne *(per-son)*/pessoa
médecin *(mêd-saN)*/médico	vedette *(ve-dét)*/celebridade
professeur *(pro-fe-séewr)*/professor	victime *(vik-tim)*/vítima

Pode ser difícil determinar o gênero de alguns substantivos. Na Tabela 2.2 há uma lista de terminações que o ajudarão.

Tabela 2.2 Terminações Masculinas e Femininas

Final Masculino	Exemplo	Final Feminino	Exemplo
-acle	spectacle *(s-pe-ta-cle)*	-ade	limonade *(li-mo-nad)*
-age*	garage *(ga-raj)*	-ale	cathédrale *(ka-te-dral)*
-al	animal *(a-ni-mal)*	-ance	chance *(chahNs)*
-eau**	château *(cha-tô)*	-ence	essence *(e-sahNs)*
-et	ticket *(ti-quê)*	-ette	chaînette *(che-net)*
-ier	papier *(pa-pi-ê)*	-ie	magie *(ma-ji)*
-isme	cyclisme *(si-clism)*	-ique	boutique *(bu-tik)*
-ment	changement *(chahNj-mahN)*	-oire	histoire *(is-tuár)*
		-sion	expression *(eks-pre-siohN)*
		-tion	addition *(a-di-siohN)*
		-ure	coiffure *(cuá-fewr)*

**exceto page (pahzh) (f.) página; plage (plahzh) (f.) praia*
***exceto eau (o) (f.) água; peau (po) (f.) pele*

Uma maneira rápida e simples de obter a forma feminina de alguns substantivos é adicionar um *e* à forma masculina. Isto cria uma mudança na pronúncia de qualquer substantivo feminino terminado em uma consoante + *e*. Para o substantivo masculino, a consoante final não é pronunciada.

Para o substantivo feminino, a consoante deve ser pronunciada. Outra mudança é que o som nasal masculino de uma terminação *-in* (*aN*) perde a sua nasalidade na terminação feminina. Essas mudanças estão na Tabela 2.3.

Tabela 2.3 Mudança de Gênero

Le (L'), Un	La (L'), Une
ami *(a-mi)*/ amigo	amie *(a-mi)*/ amiga
avocat *(a-vo-ka)*/advogado	avocate *(a-vo-kat)*/advogada
client *(kli-ahN)*/cliente	cliente *(kli-ahNt)*/cliente
cousin *(ku-zaN)*/primo	cousine *(ku-zin)*/prima

Algumas terminações de substantivos masculinos (geralmente referindo-se às profissões), de forma muito conveniente, possuem uma terminação feminina correspondente. A maioria das terminações femininas possui um som diferente, como você vai perceber na Tabela 2.4.

Tabela 2.4 Mais Mudança de Gênero

Terminação masculina e feminina	Exemplo
-an	paysan *(pê-i-zahN)*/camponês
-anne	paysanne *(pê-i-zahn)*/camponesa
-er	épicier *(ê-pi-ci-ê)*/merceeiro
-ère	épicière *(ê-pi-ci-érre)*/merceeira
-eur	programmeur *(pro-gra-meewr)*/programador
-euse	programmeuse *(pro-gra-mewz)*/programadora
-ien	pharmacien *(far-ma-saN)*/farmacêutico
-ienne	pharmacienne *(far-ma-sien)*/farmacêutica
-on	patron *(pa-trohN)*/patrão
-onne	patronne *(pa-trohn)*/patroa

Terminação masculina e feminina	Exemplo
-teur	acteur *(ak-teewr)*/ator
-trice	aktrice *(ahk-tris)*/atriz

Não utilize o artigo *un* ou *une* antes do nome da profissão:

Il est dentiste. Elle est avocate.

Número

Quando um substantivo francês se refere a mais de uma pessoa, lugar, coisa ou ideia, deve ser usado no plural, assim como em português.

A Tabela 2.5 mostra que não basta simplesmente alterar o substantivo. O artigo de identificação também deve ser utilizado no plural:

Tabela 2.5 Marcadores de Plural no Substantivo

	Masculino	Feminino
o, a	les	les
alguns	des	des

Como você pode ver, os marcadores de plural no substantivo são utilizados tanto para substantivos masculinos quanto para femininos, eles não permitem determinar o sexo. Eles apenas indicam que o falante está se referindo a mais de um substantivo. Você deve aprender todos os substantivos no singular.

Substantivos Plurais

É realmente muito fácil formar o plural da maioria dos substantivos em francês. Simplesmente adicione um *s* surdo à forma singular.

le garçon (*lê gar-sohN*)	les garçons (*le gar-sohN*)
un garçon (*ahN gar-sohN*)	des garçons (*de gahr-sohN*)
la fille (*la fii*) une fille (*ewn fii*)	les filles (*le fii*) des filles (*de fii*)
l'enfant (*lahN-fahN*)	les enfants (*lezahN-fahN*)
un enfant (*ahN nahN-fahN*)	des enfants (*dezahN-fahN*)

Os franceses também utilizam as letras *s, x* e *z* para formar plurais. O que acontece se você tiver um substantivo francês, que termine com uma dessas letras? Absolutamente nada!

le prix (*lê pri*)/ o preço, prêmio	les prix (*le pri*)
le fils (*lê fis*)/ o filho	les fils (*le fis*)

Palavras geralmente terminadas em *s*:

l'autobus (*lo-to-bews*)/ ônibus	le mois (*lê muá*)/ mês
le bras (*lê bra*)/ braço	le pays (*lê pai*)/ país
la fois (*la fuá*)/ tempo	le repas (*lê repa*)/ refeição

Palavras geralmente terminadas em *x*:

la croix (*la cruá*)/ cruz	la voix (*la vuá*)/ voz

Outros Plurais

A letra *x* é usada em francês para formar plurais.

- Para substantivos terminados em *-eau*:
  le bateau (*lê ba-tô*) o barco / les bateaux

Para substantivos terminados em *-eu*:
  le cheveu (*lê chê-veuw*) / o cabelo / les cheveux
  Exceto le pneu (*lê pneuw*) / o pneu: les pneus

- Para substantivos terminados em *-al*, substitua *al* por *aux*: l'animal (*la-ni-mal*)/animal / les animaux
  Exceto para le bal (*lê bal*) / bola: Bals; le festival (*lê fes-ti-val*) / festival: les festivals
- Para alguns substantivos terminados em *-ou*, adicione *x* para formar o plural:
  le bijou *(lê bi-jou)* jóia / Les bijoux
- Assim como temos algumas palavras em português que estão sempre no plural (calças, óculos, shorts, notícias), em francês também é assim. Aqui estão alguns substantivos que podem ser úteis para você:
  les ciseaux (m.) (*le si-zô*) / tesouras
  les lunnetes (f.) (*le lew-nét*) / óculos
  les gens (m.) (*le jahN*) / pessoas
  les vacances (f.) *(le va-cahNs)* / férias

Verbos Representando Ação

Os verbos indicam uma ação ou um estado. Todos os verbos devem ter um sujeito, seja expresso em uma frase ou implícito em um comando. O sujeito pode ser um substantivo ou pronome, e assim como em português, é representado por uma pessoa e um número, como mostrado na Tabela 2.6:

Tabela 2.6 Pronomes Sujeitos

Pessoa	Singular		Plural	
primeira	je* *(zhuh)*	eu	nous *(nu)*	nós
segunda	tu** *(tew)*	tu	vous**** *(vu)*	vós
terceira	il *(il)*	ele	ils***** *(il)*	eles
	elle *(ehl)*	ela	elles *(ehl)*	elas
	on*** *(ohN)*	sujeito indeterminado		

* *O pronome sujeito* je *exige elisão e torna-se* j' *antes de uma vogal ou vogal sonora (h, y).*

** *O pronome sujeito* tu *é usado apenas quando se fala com pessoas íntimas do seu meio familiar, amigos e etc. O* tu *é chamado de forma familiar. Nunca utilize a elisão na letra* u *de* tu*: tu arrives.*

*** *O pronome* on *pode indicar um sujeito indeterminado e também o pronome* a gente. *Ex.: On va au cinéma/Vão ao cinema ou a gente vai ao cinema.*

Para compreender cada caso, é preciso observar o contexto da frase.

**** *O pronome sujeito* vous *é utilizado no singular para demonstrar respeito a uma pessoa mais velha, quando se fala com alguém que você não conhece muito bem e com o seu chefe, por exemplo. Como os franceses são formais, uma boa dica é usar sempre o pronome* vous *se você não conhecer a pessoa. Assim como é sempre utilizado quando se refere a mais de uma pessoa, independentemente da familiaridade.*

***** *O pronome sujeito* ils *é utilizado para se referir a mais de um nome masculino ou um grupo combinado de masculinos e femininos assim como em português.*

Verbos Regulares

Os verbos são apresentados em sua forma infinitiva: viver, rir e amar. O infinitivo é a forma do verbo sem conjugação. Em uma conversa normal em português conjugamos os verbos automaticamente, sem sequer prestar atenção ao que estamos falando. Conjugar é alterar a terminação de um verbo para que ele concorde com o sujeito. Os verbos podem ser regulares (seguem um conjunto de regras padrão) ou irregulares (não existem regras, portanto você deve memorizá-los).

Todas as frases devem ter um verbo. A frase mais simplificada de todas pode ser um comando e consiste em apenas uma palavra, (por exemplo: "Vá!").

Para complicar, nosso estilo de vida exige que utilizemos os verbos em um tempo específico: passado, presente ou futuro. Também temos que escolher o modo: o indicativo (um fato acontecido em um tempo passado, presente ou futuro); o imperativo ou forma de comando; o condicional (estado no qual o sujeito faria sob certas circunstâncias); ou o subjuntivo (expressa desejo, emoção, dúvida, ou necessidade no passado, presente ou futuro). Para se expressar exatamente da forma que você deseja, é importante entender perfeitamente os tempos e modos verbais.

Presente

Existem três grandes grupos de verbos. O primeiro é o grupo dos verbos que, no infinitivo, terminam em *-er*; o segundo é o grupo dos verbos que terminam em *-ir*. Esses dois grupos são chamados de grupos dos verbos regulares. O terceiro grupo é composto pelos verbos irregulares. Neste grupo encontramos verbos com o infinitivo em *-ir*, em *-re* e em *-oir*. Não se assuste! Aos poucos você perceberá que existe uma certa regularidade dentro desse grupo. Os verbos dentro de cada grupo são todos conjugados exatamente da mesma forma, portanto, depois de ter aprendido o padrão para um grupo, você saberá todos os verbos daquele grupo.

O presente é utilizado para...

- Expressar o que está acontecendo ou acontece agora:

  Les garçons jouent au football.

  Os meninos estão jogando (jogam) futebol.

- Para expressar o que geralmente acontece no presente:

  Je regarde la télévision à dix heures le soir.

  Eu assisto à televisão às dez horas da noite.

- Para se referir a um futuro imediato, ou pedir informações:

  Je te parle demain.

  Falo com você amanhã.

  Je fais cela?

  Eu devo fazer isso?

- Com *depuis* + uma expressão de tempo, para expressar uma ação ou evento que iniciou no passado e continua no presente. A frase é expressa por *depuis combien de temps...*+ presente, ou *Depuis quand...*+ presente:

  Depuis combien de temps est-ce que vous habitez ici?

  Depuis quand est-ce que vous habitez ici?

  Há quanto tempo você mora aqui?

  J'habite ici depuis deux ans.

  Eu moro aqui há dois anos.

- Com *il y a* + tempo + *que* + presente para expressar uma ação ou evento que iniciou no passado e continua no presente. A frase é expressa por *Combien de temps y a-t-il que...* + presente:

Combien de temps y a-t-il que vous habitez ici?
Há quanto tempo você mora aqui?

Il y a deux ans que j'habite ici.
Faz dois anos que eu moro aqui.

Para conjugar verbos regulares em francês no presente, tire a terminação sublinhada do infinitivo e coloque o final que corresponde ao sujeito:

trouv<u>er</u> (encontrar)	**chois<u>ir</u>** (escolher)	**attend<u>re</u>*** (esperar por)
je trouv*e*	je chois*is*	j'attends
tu trouv*es*	tu chois*is*	tu attend*s*
il, elle, on trouv*e*	il, elle, on chois*it*	il, elle, on attend
nous trouv*ons*	nous choiss*ions*	nous attend*ons*
vous trouv*ez*	vous chois*issez*	vous attend*ez*
ils, elles, trouv*ent*	ils, elles chois*issent*	ils, elles attend*ent*

* Como já dissemos anteriormente, os verbos que terminam com *-re* no infinitivo, são irregulares. No entanto, há uma regularidade em sua conjugação. Atenção! Há outros verbos que terminam com *-re* e que não seguem o modelo.

Tabela de Verbos

As Tabelas 2.7, 2.8, e 2.9 fornecem listas práticas dos verbos regulares mais utilizados em todos os três grupos. Estes são os mais utilizados em qualquer situação:

Tabela 2.7 Verbos Mais Utilizados - Terminação *–er*

Francês	Português	Francês	Português
aider *(ê-dê)*	ajudar	chercher *(cher-chê)*	procurar

Continua...

Francês	Português	Francês	Português
commencer *(ko-mahN-sê)*	iniciar	demander *(demahN-dê)*	pedir/perguntar
dépenser *(dê-pahN-sê)*	gastar (dinheiro)	donner *(do-nê)*	dar
écouter *(ê-ku-tê)*	escutar	étudier *(ê-tu-di-ê)*	estudar
fermer *(fêr-mê)*	fechar	habiter *(a-bi-tê)*	morar
jouer *(juê)*	jogar	oublier *(u-bli-ê)*	esquecer
manger *(mahN-jê)*	comer	parler *(par-lê)*	falar
penser *(pahN-sê)*	pensar	préparer *(prê-pa-rê)*	preparar
présenter *(prê-zahN-tê)*	presentear apresentar	regarder *(re-gar-dê)*	olhar / assistir
rencontrer *(rahN-kohN-trê)*	encontrar	signer *(si-nhê)*	assinar
téléphoner *(tê-lê-fo-nê)*	telefonar	travailler *(tra-vai-iê)*	trabalhar
trouver *(tru-vê)*	achar	voyager *(voi-a-jê)*	viajar

Tabela 2.8 Verbos Mais Utilizados - Terminação –*ir*

Francês	Pronúncia	Português
choisir	*chuá-sir*	escolher
finir	*fi-nir*	acabar
guérir	*guê-rir*	curar
jouir	*ju-ir*	apreciar
réfléchir	*rê-flê-chir*	refletir
réussir	*rê-ew-si*	prosperar

Continua...

Tabela 2.9 Verbos Mais Utilizados - Terminação *-re* (continuação)

Francês	Pronúncia	Português
attendre	*a-tahN-dr*	esperar (por)
descendre	*de-sahN-dr*	descer
entendre	*ahN-tahN-dr*	ouvir
perdre	*pér-dr*	perder
répondre	*rê-pohN-dr*	responder
vendre	*vahN-dr*	vender

Verbos do Sapato

Os "verbos do sapato" exigem uma mudança de entonação que funciona da seguinte forma: coloque o pronome sujeito que segue um grupo de regras dentro do sapato e os outros fora do sapato. O sapato terá essa aparência:

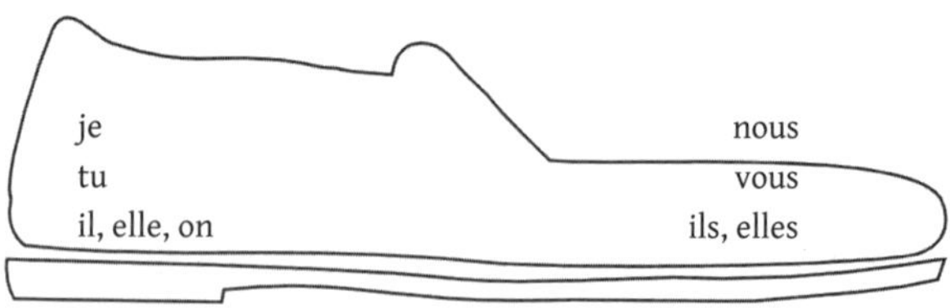

Note que estes verbos alteram todos os sujeitos, exceto o *nous*. As mudanças ocorrem desta forma:

- Verbos terminados em *-cer* alteram o *c* para *ç* antes do *o* para manter a suavidade do som do *c*:
  Commen***cer*** (começar)
  Je commence
  Nous commen***ç***ons

- Verbos terminados em *–ger*, insira um *e* surdo entre *g* e *o* para manter a suavidade do som *g*:

  Man***ger*** (comer)

  Je mange

  Nous mang**e**ons

Para nós, falantes do português, essa regra tem sentido, porque se não colocássemos o ç, pronunciaríamos *"commencons"*, e, no caso do verbo com a letra g, pronunciaríamos *"mangons"*.

Para os verbos a seguir, o sapato possui um dedo menor, e há alterações em todos os pronomes sujeitos, exceto *nous* e *vous*:

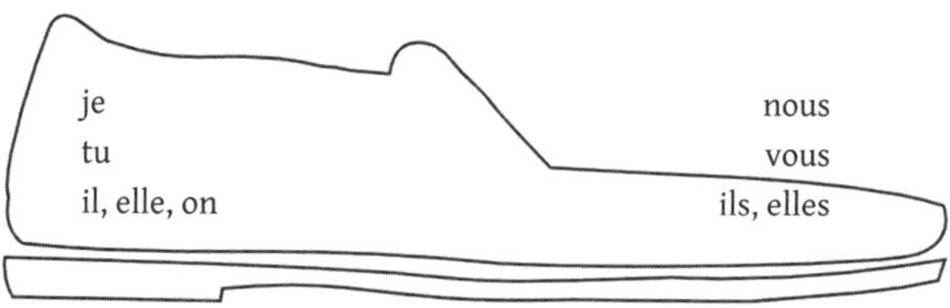

- Verbos terminados em *–yer* alteram o *y* para *i* antes do *e* surdo. Note que para verbos terminados em *–ayer*, essa alteração é opcional:

Emplo**yer** (usar)	p**ayer** (pagar [por])
J'emplo**i**e	je pa**i**e (eu pago)
Tu emplo**i**es	tu pa**i**es (tu paga)
Il implo**i**e	il pa**i**e (ele paga)
Nous employons	nous payons (nós pagamos)
Vous employez	vous payez (vós pagueis)
Ils emplo**i**ent	ils pa**i**ent (eles, elas pagam)

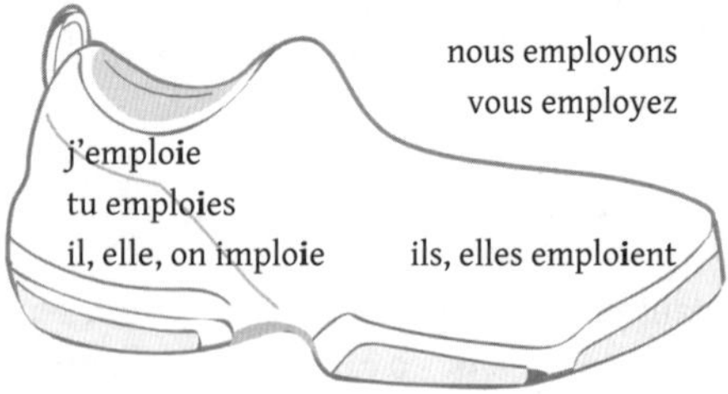

- Verbos terminados em *e* + consoante + *er* alteram o *e* surdo para *è* em todas as formas, exceto *nous* e *vous*. Note que os verbos *appeler* e *jeter* dobram sua consoante final, ao invés de adicionar a marca de acentuação:

Acheter (comprar)	appeler (chamar)	jeter (jogar / arremessar)
J'ach**è**te	j'appe**ll**e	je je**tt**e
Tu ach**è**tes	tu appe**ll**es	tu je**tt**es
Il ach**è**te	il appe**ll**e	il je**tt**e
Nous achetons	nous appelons	nous jetons
Vous achetez	vous appelez	vous jetez
Ils ach**è**ntent	ils appe**ll**ent	ils je**tt**ent

- Verbos com *é* na sílaba anterior ao infinitivo com terminação *-er*, alteram o *é* para *è* em todas as formas, exceto *nous* e *vous*.

Préférer (preferir)
Je préf**è**re
Tu préf**è**res
Il préf**è**re
Nous préférons
Vous préférez
Ils préfèrent

Passé Composé (Passado Composto)

O *passé composé* expressa uma ação ou um evento que começou ou foi completado em um tempo específico no passado, mesmo que esse tempo não esteja mencionado:

Le concert a commencé à huit heures.
O concerto começou às oito horas.
Je me suis couché (e) de bonne heure.
Eu fui para a cama cedo.

O *passé composé* também pode expressar uma ação ou evento que se repetiu várias vezes.

J'ai vu ce film trois fois.
Eu vi o filme três vezes.

O passado composto é formado de duas partes: o verbo auxiliar e particípio passado.

O verbo auxiliar expressa uma ação que "aconteceu". Na maioria dos casos, o uso francês do verbo *avoir* (ter) funciona como verbo auxiliar. Para a maioria dos verbos de movimento (aqueles que mostram a ação e que indicam uma mudança), utilize *être* (ser/estar) como verbo auxiliar.

Os verbos auxiliares são conjugados no tempo presente:

	avoir	**être**
je (j')	**ai**	**suis**
tu	**as**	**es**
il/elle	**a**	**est**
nous	**avons**	**sommes**
vous	**avez**	**êtes**
ils/elles	**ont**	**sont**

O particípio passado exprime a ação que "aconteceu". O particípio passado é adicionado após o verbo auxiliar conjugado. Para formar o particípio passado dos verbos regulares, tire a terminação do infinitivo (*-er*, *-ir*, *-re*) e adicione as terminações correspondentes, como ilustrado na Tabela 2.10.

Tabela 2.10 Formando o Passé Composé dos Verbos Regulares

Verbos com final *-er*	verbos com final *-ir*	verbos com final *-re*
danser (dançar)	finir (terminar)	Perdre (perder)
dans**é**	fin**i**	perd**u**

Ils ont dansé. Eles dançaram.
J'ai fini montravail. Eu terminei o meu trabalho.
Elle a perdu sa clef. Ela perdeu sua chave.

O passé composé de verbos irregulares é formado pelo verbo auxiliar être ou avoir conjugado no presente juntamente com o particípio passado do verbo irregular. Embora os verbos irregulares também tenham particípios passados irregulares, na maioria dos casos, eles podem ser agrupados de acordo com suas terminações:

- Particípios passados terminados em *-u:*

Avoir	eu	tinha
boire	bu	bebeu
connaître	connu	conheceu, soube
croire	cru	acreditou
devoir	du	deveu, possuiu
lire	lu	leu
pleuvoir	plu	choveu
pouvoir	pu	pôde
recevoir	reçu	recebeu

savoir	su	soube
voir	vu	visto, viu
vouloir	voulu	quis

- Particípios passados terminados em *-is:*

mettre	mis	colocou
prendre	pris	levou/colocou

- Particípios passados terminados em *-it:*

conduire	conduit	conduziu
dire	dit	disse, falou
écrire	écrit	escreveu

- Particípios passados irregulares:

être	été	foi, era
faire	fait	fez
offrir	offert	ofereceu
ouvrir	ouvert	abriu

J'ai fait un voyage. Eu fiz uma viagem.

No caso de um verbo derivar de outro verbo irregular, normalmente mantém a mesma forma do particípio passado: *mettre - mis; promette - promis; ouvrir - ouvert; e découvrir - découvert.*

Alguns verbos usam *être* como verbo auxiliar. Podemos observar esses verbos na Tabela 2.11. Um asterisco (*) indica um particípio passado irregular.

Tabela 2.11 Verbos Que Exigem *être* Como Verbo Auxiliar

Infinitivo	Particípio Passado	Significado
Devenir	devenu*	tornar-se
Revenir	revenu*	retornar
Mourir	mort*	morrer
Retourner	retourné	retornar
Sortir	sorti	sair
Venir	venu*	vir
Arriver	arrivé	chegar
Naître	né*	nascer
Descendre	descendu	descer
Entrer	entré	entrar
Rentrer	rentré	retornar
Tomber	tombé	cair
Rester	resté	permanecer
Aller	allé	ir
Monter	monté	subir
Passer	passé	passar
Partir	parti	sair

O passé composé é formado conjugando o verbo auxiliar e acrescentando o particípio passado. Quando o verbo auxiliar é *avoir*, o particípio passado geralmente permanece o mesmo:

J'ai fait un voyage. Eu fiz uma viagem.

Elles ont fait un voyage. Eles fizeram uma viagem.

No entanto, quando o verbo auxiliar é *être*, o particípio passado deve concordar com o sujeito em número (singular ou plural [adicionando um *s*]) e gênero (masculino ou feminino [adicionando um *e*]), como mostra a Tabela 2.12. Note como o particípio passado muda com diferentes sujeitos.

Tabela 2.12 Formação do passé composé com *être*

Sujeitos Masculinos	Sujeitos Femininos	Significado
je suis venu	je suis venue	Eu cheguei
tu es venu	tu es venue	tu chegaste
Il est venu	elle est venue	ele/ela chegou
Nous sommes venus	nous sommes venues	nós chegamos
Vous êtes venu(s)	vous êtes venue(s)	vós chegastes
Ils sont venus	elles sont venues	eles/elas chegaram

Observe o seguinte sobre o passé composé:

- *Vous* pode ser um sujeito singular ou plural tanto para os sujeitos masculinos quanto femininos.

Singular	**Plural**
Vous êtes sorti.	Vous êtes sortis.
Vous êtes sortie.	Vous êtes sorties.

- Para um grupo misto, utilize sempre a forma masculina.

  Roger et Bernard sont montés.

  Lucienne et Marie sont montées.

  Roger et Marie sont Montés.

Imperfeito

O imperfeito expressa ações contínuas ou repetidas, acontecimentos, situações, ou estados no passado, e é usado...

- Para descrever o que acontecia ou o que costumava acontecer no passado:
  Je lisais un livre.
  Eu estava lendo um livro.
  Le samedi, elle faisait le ménage.
  Aos sábados, ela costumava fazer (fazia) serviços domésticos.

- Para expressar uma ação contínua no passado:
  Il regardait la télé le soir.
  Ele assistia à televisão à noite.
  Para descrever pessoas, coisas ou tempo no passado:
  Ils étaient très polis.
  Eles foram muito educados.
  La porte était ouverte.
  A porta estava aberta.
  C'était mardi.
  Era terça-feira.

- Para expressar um estado de espírito no passado com verbos como *croire* (acreditar), *penser* (pensar), *pouvoir* (poder), *vouloir* (querer), e *savoir* (saber):
  Elle voulait faire de son mieux.
  Ela queria fazer o seu melhor.

- Para descrever uma situação que estava acontecendo quando outra ação iniciou:

  Je sortais quand mon ami m'a téléphoné.

  Eu estava saindo quando o meu amigo me ligou.

Para formar o imperfeito dos verbos regulares, retire a terminação *-ons* do presente do indicativo da forma *nous* do verbo e coloque essas terminações:

je	-ais	nous	-ions
tu	-ais	vous	-iez
il	-ait	ils	-aient

O único verbo irregular do imperfeito é *être:*

j'étais	nous étions
tu étais	vous étiez
il était	ils étaient

Futuro

O futuro pode ser expresso de três maneiras:

- Utilizando o presente para falar do futuro:

  Je te vois plus tard.

  Vejo você mais tarde.

- Utilizando o *aller* (ir) + o infinitivo de um verbo:

  Ils vont faire du cyclisme.

  Eles vão andar de bicicleta.

- Usando o tempo futuro:

  Visiteras-tu la France?

  Você visitará a França?

O futuro é formado adicionando a terminação do futuro ao infinitivo dos verbos regulares como segue:

je	*-ai*	nous	*-ons*
tu	*-as*	vous	*-ez*
il	*-a*	ils	*-ont*

Je ne travaillerai pas demain.
Eu não vou trabalhar amanhã.

Il réfléchira avant d'agir.
Ele pensará antes de agir.

Nous vendrons notre maison cette année.
Venderemos nossa casa este ano.

Os seguintes verbos têm raízes irregulares no futuro e, portanto, não use o infinitivo. Para formar o futuro, basta adicionar a terminação às raízes indicadas:

aller (ir)	*ir-*
avoir (ter)	*aur-*
courir (correr)	*courr-*
devoir (ter que, dever)	*devr-*
envoyer (enviar)	*enverr-*
être (ser, estar)	*ser-*
faire (fazer)	*fer-*
falloir (ser necessário)	*faudr-*
mourir (morrer)	*mourr-*
pleuvoir (chover)	*pleuvr-*
pouvoir (poder)	*pourr-*
recevoir (receber)	*recevr-*
savoir (saber, conhecer)	*saur-*

venir (vir)	*viendr-*
voir (ver)	*verr-*
vouloir (querer)	*voudr-*

Condicional

O condicional expressa o que o sujeito faria ou o que aconteceria sob certas circunstâncias. O condicional é formado pela adição da terminação do imperfeito à raiz do futuro dos verbos regulares e irregulares como segue:

je	*-ais*	nous	*-ions*
tu	*-ais*	vous	*-iez*
il	*-ait*	ils	*-aient*

M'aideriez-vous?
Você poderia me ajudar?

Pourrais-je vous parler?
Eu poderia falar com você?

Presente do Subjuntivo

O subjuntivo é um estado de espírito que expressa desejo, emoção, dúvida ou incerteza. Pois o subjuntivo não é um tempo verbal (uma forma verbal que indica tempo), o subjuntivo presente é usado para expressar ações no presente ou futuro.

O subjuntivo é usado quando existem as seguintes situações:

- Existem duas orações diferentes, com dois sujeitos diferentes.

- As duas orações são unidas por um *que.*
- Uma das orações expressa desejo, querer, emoção, dúvida ou incerteza.

Para formar o subjuntivo dos verbos regulares, retire o –*ent* da terminação da forma *ils* (*elles*) do presente e adicione essas terminações:

je	-e	nous	-ions
tu	-es	vous	-iez
it	-e	ils	-ent

ll est important que nous cherchions ce livre.
É importante que procuremos esse livro.

Je doute qu'il trahisse son ami.
Duvido que ele traia o amigo.

Il est possible qu'il vende sa voiture.
É possível que ele venda o seu carro.

Os verbos do sapato e verbos que são conjugados como verbos do sapato possuem duas raízes no subjuntivo. Uma raiz para as formas *je, tu, il,* e *ils*, e outra para as formas *nous* e *vous*:

boire (beber)	que je boive	que nous buvions
prendre (pegar, levar)	que je prenne	que nous prenions
envoyer (enviar)	que j'envoie	que nous envoyions
acheter (comprar)	que j'achète	que nous achetions
appeler (chamar)	que j'appelle	que nous appelions

jeter (jogar)	que je jette	que nous jetions
répéter (repetir)	que je répète	que nous répétions

Muito frequentemente os verbos irregulares utilizados no subjuntivo incluem o seguinte:

aller (ir): aille, ailles, aille, allions, alliez, aillent

vouloir (querer): veuille, veuilles, veuille, voulions, vouliez, veuillent

faire (fazer): fasse, fasses, fasse, fassions, fassiez, fassent

pouvoir (poder): puisse, puisses, puisse, puissions, puissiez, puissent

savoir (saber, conhecer): sache, saches, sache, sachions, sachiez, sachent

avoir (ter): aie, aies, ait, ayons, ayez, aient

être (ser, estar): sois, sois, soit, soyons, soyez, soient

Tudo Sobre Adjetivos

Os adjetivos são usados para modificar os substantivos. Todos os adjetivos franceses devem concordar em gênero e número com os substantivos que modificam. Em uma frase em francês, todos as palavras devem concordar umas com as outras. Em outras palavras, se o substantivo está no plural, o seu adjetivo também deve estar no plural. E se o substantivo for feminino, você deve ter cuidado para usar a forma feminina do adjetivo.

É muito fácil formar o feminino da maioria dos adjetivos, adicione um *e* às formas masculinas, como mostrado na Tabela 2.13.

Tabela 2.13 Formação de Adjetivos Femininos

Masculino	Feminino	Significado
âgé *a-jê*	âgée *a-jê*	velho, idoso
américain *a-mê-ri-kaN*	américaine *a-mê-ri-ken*	Americano
amusant *a-mew-zahN*	amusante *a-mew-zahNt*	divertido
blond *blohN*	blonde *blohNd*	loiro
charmant *char-mahN*	charmante *char-mahNt*	charmoso
content *kohN-tahN*	contente *KohN-tahNt*	contente
élégant *ê-lê-gahN*	élégante *ê-lê-gahNt*	elegante
fort *fór*	forte *fórt*	forte
français *frahN-sé*	française *frahN-séz*	francês
grand *grahN*	grande *grahNd*	grande
intelligent *aN-tê-li-jahN*	intelligente *aN-tê-li-jahNt*	inteligente
joli *jo-li*	jolie *jo-li*	bonita
petit *pti*	petite *ptit*	pequeno
poli *po-li*	polie *po-li*	educado

Quando o adjetivo termina em um *-e* na sua forma masculina, não é necessário fazer qualquer alteração para obter a forma feminina. Ambos são escritos e pronunciados exatamente da mesma forma:

célèbre (*sê-lé-br*) / famoso	mince (*maNs*) / magro
comique (*ko-mik*)/ engraçado	propre (*pró-pr*) / limpo
facile (*fa-sil*) / fácil	sale (*sal*) / sujo
honnête (*o-nét*) / honesto	triste (*trist*) / triste

Quando um adjetivo masculino termina em -*x*, o feminino é formado trocando o *x* por *se*, o que permite a sonorização da terminação feminina *z*, como mostrado na Tabela 2.14.

Tabela 2.14 Adjetivos Terminados em –*eux* e –*euse*

Masculino	Feminino
affectueux *a-fêk-tewê*	affectueuse *a-fek-tewêz*
ambitieux *ahN-bi-siewê*	ambitieuse *ahN-bi-si-ewêz*
délicieux *dê-li-si-ewê*	délicieuse *dê-li-si-ewêz*
généreux *gê-nê-rewê*	généreuse *jê-nê-rewêz*
heureux (feliz) *êew-rêwe*	heureuse *êew-rêwez*
sérieux *sé-riew*	sérieuse *sê-ri-êewz*

Quando um adjetivo masculino termina em *-f*, o feminino é formado trocando o *f* por *v*. Veja a Tabela 2.15 para mudança na pronúncia.

Tabela 2.15 Adjetivos Terminados em –*f* e –*ve*

Masculino	Feminino
actif *ak-tif*	active *ak-tiv*
attentif *a-tahN-tif*	attentive *a-tahN-tiv*
imaginatif *i-ma-ji-na-tif*	imaginative *i-ma-ji-na-tiv*
naïf *na-if*	naïve *na-iv*
sportif *spor-tif*	sportive *spor-tiv*

Quando um adjetivo masculino termina em *-er*, o feminino é formado trocando o *er* por *ère*, como mostra a Tabela 2.13:

Tabela 2.16 Adjetivos Terminandos em -*er* e –*ère*

Masculino	Feminino	Significado
cher *chér*	chère *chér*	querido, caro
dernier *der-ni-ê*	dernière *der-ni-ér*	último
étranger *ê-trahN-jê*	étrangère *ê-trahN-jér*	estrangeiro
fier *fi-ér*	fière *fi-ér*	orgulhoso
premier *pre-miê*	première *pre-mi-ér*	primeiro

Alguns adjetivos masculinos dobram a consoante final e é adicionado um *e* para formar o feminino, como mostra a Tabela 2.17.

Tabela 2.17 Adjetivos que Dobram Suas Consoantes

Masculino	Feminino	Significado
ancien *ahN-saiN*	ancienne *ahN-siehn*	antigo, velho
bas *ba*	basse *bas*	baixo
bon *bohN*	bonne *bohn*	bom
européen *ew-ro-pe-ahN*	européenne *ew-ro-pe-ehn*	Europeu
gentil *jahN-tii*	gentile *jahN-tii*	gentil
gros *gro*	grosse *gros*	gordo
mignon *mi-nhohN*	mignonne *mi-nhohN*	querido

Por fim, a Tabela 2.18 mostra uma lista de adjetivos nas formas femininas irregulares que devem ser memorizados.

Tabela 2.18 Adjetivos Irregulares

Masculino	Feminino	Significado
beau* *bo*	belle *bél*	bonito
blanc *blahN*	blanche *blahNch*	branco
complet *kohN-plé*	complète *kohN-plét*	completo

Continua...

Tabela 2.18 Adjetivos Irregulares (continuação)

Masculino	Feminino	Significado
doux *du*	douce *dus*	doce, gentil
faux *fo*	fausse *fos*	falso
favori *fa-vo-ri*	favorite *fa-vo-rit*	favorito
frais *fré*	fraîche *fréch*	fresco
long *lohN*	longue *lohNg*	longo
noveau* *nu-vo*	nouvelle *nu-vél*	novo
vieux* *vyuh*	vieille *vi-ei-ê*	velho

Os franceses usam formas especiais: bel, nouvel, e vieil* ***antes* *de substantivos masculinos começando com uma vogal ou vogal sonora para evitar um choque entre dois sons de vogais sonoras. Isso permite a fluidez da linguagem.*

un bel appartement *un nouvel appartement*

um vieil appartement

Se o adjetivo vem ***após*** *o substantivo, então é usada a forma masculina regular:*

L'appartement est beau.

L'appartement est nouveau.

L'appartement est vieux.

Formando Adjetivos no Plural

A maioria dos plurais dos adjetivos é feita adicionando um *s* surdo à forma singular: *timide (s), charmant (e) s, joli (e) s, fatigué (e) s.*

Se o adjetivo termina em -*s* ou -*x*, é desnecessário adicionar o *s*: *exquis, heureux.*

A maioria dos adjetivos masculinos singulares terminados em -*al* alteram o *al* por *aux* no plural: *spéciaux.*
Os adjetivos singulares masculinos especiais *bel, nouvel*, e *vieil* não necessitam de formas especiais de plural, pois o problema de ter duas vogais em conflito é eliminado com o som da consoante *x* da desinência plural.

Singular	Plural	Exemplo
bel	beaux	de beaux appartements
nouvel	nouveaux	de nouveaux appartements
vieil	vieux	de vieux appartements

Atenção!

O adjetivo masculino singular *tout* (todos) se torna *tous* no plural.

J'aime tous ces livres.
Eu gosto de todos esses livros.

Posição dos Adjetivos

Em francês, a maioria dos adjetivos são colocados após os substantivos que modificam.

un homme intéressant

Adjetivos que demonstram...

BELEZA: beau, joli
IDADE: jeune, nouveau, vieux
BONDADE (ou falta dela): bon, gentil, mauvais, villlain
TAMANHO: grand, petit, court, long, gros, large

geralmente são colocados *antes* dos substantivos que eles modificam.

un beau garçon	um menino bonito
une large avenue	uma avenida larga

Se mais de um adjetivo está sendo usado em uma descrição, coloque cada adjetivo em sua posição correta:

une bonne histoire intéresante
uma boa, interessante história

une large et jolie avenue
uma bonita, e larga avenida

un homme charmant et inteligent
um charmoso, homem inteligente

Utilizando Advérbios

Advérbios são palavras que modificam verbos, adjetivos ou outros advérbios. Em português, a maioria dos advérbios terminam em *-mente*: por exemplo, "ele dança lentamente". Em francês, eles também terminam em *-ment*: por exemplo, "*Il danse lentement*". Os advérbios não devem apresentar muitos problemas à medida que você aprende o idioma.

Adicione *ment* para a forma masculina e singular dos adjetivos que terminam em uma vogal. Se a forma masculina do adjetivo termina com uma consoante, mude-o primeiramente para a forma feminina e acrescente o *ment.*

A seguir, veja como formar advérbios usando adjetivos masculinos:

Adjetivo	Advérbio	Significado
passionné *pa-sio-nê*	passionnément *pa-sio-ne-mahN*	entusiasticamente
rapide *ra-pi-de*	rapidement *ra-pi-de-mahN*	rapidamente
vrai *vré*	vraiment *vré-mahN*	verdadeiramente, realmente

Formando advérbios de adjetivos femininos:

Adjetivo	Advérbio	Significado
active *ak-tiv*	activement *ak-tiv-mahN*	ativamente
complète *kohN-plé*	complètement *kohN-plet-mahN*	completamente
continuelle *kohN-ti-newé*	continuellement *kohN-ti-newél-mahN*	continuadamente
douce *dus*	doucement *dus-mahN*	gentilmente
fière *fi-ér*	fièrement *fiér-mahN*	orgulhosamente
franche *frahN-ch*	franchement *frahNch-mahN*	francamente
lente *lahNt*	lentement *lahNt-mahN*	lentamente
sérieuse *sê-ri-êews*	sérieusement *sê-ri-êewz-mahN*	seriamente

Continua...

Adjetivo	Advérbio	Significado
seule *séewl*	seulement *séewl-mahN*	somente

Exceções à Regra

A vida não seria mais fácil se não existissem exceções às regras? Felizmente, as irregularidades nos advérbios franceses são fáceis de entender e não devem apresentar dificuldades.

Alguns advérbios são formados através da mudança de um *e* silencioso do adjetivo para *é* antes da terminação adverbial *-ment*:

Adjetivo	Advérbio	Significado
énorme *ê-norm*	énormément *ê-nor-me-mahN*	enormemente
profond *pro-fohN*	profondément *pro-fohN-de-mahN*	profundamente

Adjetivos que terminam em *-ant* e *-ent* possuem terminação adverbial em *-amment* e *-emment*, respectivamente:

Adjetivo	Advérbio	Significado
constant *kohNs-TahN*	constamment *kohns-ta-mahN*	constantemente
courant *ku-rahN*	couramment *ku-ra-mahN*	fluentemente, correntemente
évident *ê-vi-dahN*	évidemment *ê-vi-da-mahN*	evidentemente
récent *rê-sahN*	récemment *re-se-mahN*	recentemente

Cuidado com estes advérbios, pois possuem formas distintas dos adjetivos:

Adjetivo	Advérbio
bon (*bohN*)/ bom	bien (*byaN*)/ bem
mauvais (*mô-vé*)/ mau	mal (*mal*)/ mal
meilleur (*mei-i-êewr*)/ melhor	peu (*pe*)/ pouco

Se você não consegue pensar em um advérbio – ou se tal não existe – utilize as frases *d'une façon* (*dewn fa-sohN*) ou *d'une manière* (*dewn ma-nier*), que expressam *de certo modo, até certo ponto* ou *de certa forma.*

Ele toca inteligentemente.

Il joue d'une façon (d'une manière) intelligente.

Alguns advérbios e expressões adverbiais não são formados dos adjetivos e, portanto, não terminam em *-ment.* A Tabela 2.19 apresenta os advérbios mais comuns que seguem esta regra. Estas palavras familiares de uso constante são extremamente úteis em uma conversa diária.

Tabela 2.19 Advérbios Não Formados de Adjetivos

Francês	Português	Francês	Português
alors *ah-lohrs*	então	après *a-pré*	depois
aussi *o-si*	também	beaucoup *bo-ku*	muito
bientôt *biaN-to*	em breve	comme *kom*	como

Continua...

Tabela 2.19 Advérbios Não Formados de Adjetivos (continuação)

Francês	Português	Francês	Português
d'habitude *da-bi-tewd*	geralmente	déjà *dê-ja*	já
encore *ahN-kor*	ainda, até agora,	ensemble *ahN-sahNbl*	junto
maintenant *maNt-nahN*	agora	moins *moaN*	menos
plus *plew*	mais	quelquefois *kel-ke-fuá*	às vezes
souvent *su-vahN*	frequentemente	tard *tar*	tarde
tôt *to*	logo, cedo	toujours *tu-jur*	sempre
tout *tu*	completamente	très *tré*	muito
trop *tro*	muito	vite *vit*	rapidamente

Posição dos Advérbios

Geralmente os advérbios são colocados após os verbos que eles modificam. Entretanto, às vezes a posição do advérbio é variável e pode comumente ser colocado no lugar onde colocamos o advérbio em português – no início.

D'habitude, Il joue bien au football.
Geralmente, ele joga futebol muito bem.

Il joue très bien au football.
Ele joga futebol muito bem.

Preposições

As preposições mostram a relação entre um substantivo e outra palavra em uma frase. A Tabela 2.20 apresenta algumas preposições mais utilizadas que serão úteis para você:

Tabela 2.20 Preposições

Francês	Português	Francês	Português
à *a*	para	après *a-pré*	depois
avant *a-vahN*	antes	avec *a-vék*	com
chez *chê*	em casa de	contre *kohNtr*	contra
dans *dahN*	em	de *dê*	de
derrière *Dê-ri-ér*	atrás	devant *de-vahN*	em frente de
loin (de) *loaN (dê)*	distante (de)	par *par*	por, através
pour *pur*	por, a fim de	près (de) *pré (dê)*	perto
sans *sahN*	sem	sous *su*	debaixo
sur *sewr*	sobre	vers *vér*	em direção à

Os pronomes a seguir são usados após as preposições:

moi	mim	*nous*	nos
toi	ti	*vous*	vos
lui	a ele	*eux*	a eles
elle	a ela	*elles*	a elas
Elle sort avec moi.		Il marche vers eux.	
Ela sai comigo.		Ele anda em direção a eles.	

Capítulo 3

Você é o Sujeito

Neste Capítulo

- Olá e adeus
- O verbo *être* e *avoir*
- Profissões e países
- Membros da família
- Posse
- Fazendo perguntas

Um jeito simples de imersão rápida no francês é encontrar um amigo estrangeiro com um bom ouvido. Em seguida, comece a tagarelar. Fale sobre qualquer coisa e sobre tudo que interessar. Não se preocupe com seus erros. Um amigo de verdade irá, educadamente, permitir que você cometa alguns erros. Não tenha vergonha de pedir ajuda e correções. Ninguém é perfeito. De qualquer forma, use seu dicionário ou peça ajuda quando tiver dificuldades. Desenvolver uma relação de amizade exige que você fale sobre você e faça perguntas ao(a) seu(sua) novo(a) amigo(a). Puxe uma conversa utilizando as frases seguintes.

Por não conhecer a pessoa, uma aproximação formal é *de rigueur* (obrigatória). Um típico diálogo de abertura deve começar com muitas destas frases:

Francês	Pronúncia	Português
Bonjour	bohN-jur	Bom dia!
Bonsoir	bohN-suár	Boa noite!
Monsieur	m-siêew	Senhor
Madame	ma-dam	Senhora
Mademoiselle	ma-d-muá-zel	Senhorita
Je m'appelle	je-ma-pél	Meu nome é...(eu me chamo)
Comment vous appellez-vous?	ko-mahN-vuza-plê vu	Qual é o teu nome?
Comment allez-vous?	ko-mahN-ta-lê-vu	Como você vai?
Très bien	tré byan	Muito bem
Pas mal	pa mal	Nada mal
Comme ci, comme ça	komi-si-komi-sa	Mais ou menos

Eu Sou o Que Sou

Se você é como a maioria das pessoas, deve gostar de falar sobre si e também sobre outros. Fazer da outra pessoa o centro das atenções é sem dúvida uma forma de fazer amigos. Para perguntar e responder às mais simples perguntas em francês, você precisa saber o verbo *être* (ser/estar). Ele é um verbo irregular, então se preparem para memorizar todas suas formas encontradas na Tabela 3.1.

Tabela 3.1 O Verbo *être* (ser/estar)

Francês	Pronúncia	Português
je **suis**	*je-sui*	Eu sou/ estou
tu **es**	*tew é*	tu és/ estás
il, elle, on **est**	*il, él, ohN é*	ele, ela é/ está
nous **sommes**	*nu som*	nós somos/ estamos
vous **êtes**	*vu zét*	vós sois/ estais
ils, elles **sont**	*il, él sohN*	eles são/ estão

Se você perceber um sotaque desconhecido ao conversar com uma pessoa, prepare-se para matar sua curiosidade utilizando o verbo *être* para fazer perguntas referentes às origens dela.

Vous êtes d'où?
vu-zét du
De onde você é?

Je suis de... (cidade)
je sui dê
Eu sou de... (cidade)

De Onde Você É?

Terras distantes sempre parecem tão exóticas e emocionantes, e as pessoas gostam de contar sobre suas cidades natais. Use *être* para expressar de onde você é. Utilize as Tabelas 3.2, 3.3 e 3.4 para encontrar seu lugar de origem. Note que todos os países femininos terminam em e.

Tabela 3.2 Países Femininos

Português	Francês	Pronúncia
Áustria	l'Autriche	*lo trich*
China	la Chine	*la Chin*
Inglaterra	l'Angleterre	*lahN-gle-tér*

Continua...

Tabela 3.2 Países Femininos (continuação)

Português	Francês	Pronúncia
Alemanha	l'Allemagne	*la-le-manh*
Grécia	La Grèce	*la grés*
Itália	L'Italie	*li-ta-li*
Rússia	La Russie	*la-rew-si*
Espanha	L'Espagne	*les-pa-nh*

Tabela 3.3 Países Masculinos

Português	Francês	Pronúncia
Canadá	Le Canadá	*le ka-na-da*
Israel	Israël	*is-ra-el*
Japão	Le Japon	*le ja-pohN*
México	Le Mexique	*le mek-sik*
Estados Unidos	Les États-Unis	*leze-ta-zew-ni*

Se suas viagens levam você para longe, provavelmente você terá bastante sorte para conseguir planejar uma viagem para outro continente. Os nomes dos setes continentes aparecem na Tabela 3.4. Preste atenção que Antártida é o único continente que é masculino.

Tabela 3.4 Continentes

Português	Francês	Pronúncia
África	l'Afrique	*la-frik*
Antártida	l'Antarctique	*lahN-tark-tik*
Ásia	l'Asie	*la-zi*
Europa	l'Europe	*lew-rohp*
América do Norte	l'Amérique du Nord	*la-me-rik dew nor*
América do Sul	l'Amérique du Sud	*la-me-rik dew sewd*

Vai Ficar?

A preposição *en* é utilizada para expressar que você *está indo* ou *permanecendo* em outro país. Utilize *en* para expressar *para* e também para expressar *em* antes de nomes de países femininos, continentes, províncias, ilhas, estados e antes de países masculinos que começam com vogal:

Eu vou à China	Eu fico em Israel.
Je vais en Chine.	Je reste en Israël.

Utilize a preposição *au* (*aux* para substantivos plurais) para expressar *em ou a(o)* antes de nomes de alguns países, ilhas, províncias e estados masculinos que iniciam com consoante:

Eu vou para Portugal.	Eu fico nos Estados Unidos.
Je vais au Portugal	Je reste aux États-Unis.

Indo

Para expressar o estado ou a cidade de onde você vem, tenha em mente:

- Use *de* (de) para todos os estados femininos ou cidades:

  Je suis de Paris.

  Je suis de São Paulo.

- Utilize *du* (do) para os estados e cidades que já têm em seu nome um artigo masculino.

  Je suis du haure (Le Haure) mais ma mère vient de La Rochelle.

Se você quiser dizer que você é (ou que você está vindo) de um país, utilize a preposição *de* para expressar *de onde* antes dos nomes femininos de países, continentes, províncias, ilhas e estados e antes de países masculinos iniciados com uma vogal:

Eu sou da Bélgica.	Eu sou de Israel.
Je suis de Belgique.	Je suis d'Israël.

A preposição *de* + artigo definido (*le*) é utilizada para expressar *do, dos* antes de nomes de países masculinos que começam com consoante:

Eu sou do Japão.

Je suis du Japon.

Use a proposição *des* para nomes de países no plural:

Eu sou dos Estados Unidos.

Je suis des États-Unis.

Qual É a Sua Profissão?

Utilize *être* para falar sobre sua profissão ou para perguntar sobre a profissão de alguém. As desinências femininas são mostradas entre parênteses na Tabela 3.5.

Qual é a sua profissão?
Quel est votre métier?
kelé votr me-ti-ê?

Eu sou um (uma)...
Je suis...
Je sui

Tabela 3.5 Profissões

Português	Francês	Pronúncia
contador	comptable	*kohN-tabl*
dentista	dentiste (m.)	*dahN-tist*
cabeleireiro	coiffeur (coiffeuse)	*kuá-fêewr (kwah-fuhz)*
joalheiro	bijoutier (bijoutière)	*bi-ju-tiê (bi-ju-tiér)*
advogado	avocat(e)	*a-vo-ka (t)*
gerente	gérant(e)	*je-rahN (t)*
enfermeiro	infirmier *(infirmière)*	*(aN-fir-mier) (aN-fir-miér)*
policial	agent de police (m.)	*a-jahN de po-lis*
secretária	secrétaire (m. ou f.)	*se-kre-tér*

Pessoas Próximas e Queridas

Nenhuma conversa inicial é completa sem um pouco de vaidade. Quantas vezes você já abriu sua carteira e mostrou fotos de seus entes queridos? Isso é natural. Você já parou para pensar se as pessoas realmente gostariam de vê-los? Utilize a Tabela 3.6 para identificar todos corretamente.

Tabela 3.6 Familiares

Masculino	Francês	Pronúncia
pai	le père	*le pér*
avô	le grand-père	*le grahN-pér*
sogro	le beau-père	*le bo-pér*

Continua...

Tabela 3.6 Familiares (continuação)

Masculino	Francês	Pronúncia
filho	l'enfant	*lahN-fahN*
irmão	le frère	*le frér*
meio-irmão	le demi-frère	*le de-mi frér*
enteado/genro	le beau-fils	*le bo-fis*
filho	le fils	*le fis*
tio	l'oncle	*loh Nkl*
primo	le cousin	*le ku-zaN*
sobrinho	le neveu	*le ne-vêew*
marido	le mari	*le ma-ri*
genro	le gendre	*le jahN-dr*
namorado	le petit ami	*le petitami*
Feminino	**Francês**	**Pronúncia**
mãe	la mère	*la mér*
avó	la grand-mère	*la grahN-mér*
sogra	la belle-mère	*la bél-mér*
filha	l'enfant	*lahN-fahN*
irmã	la soeur	*la sêewr*
meia-irmã	la demi-soeur	*la de-mi sêewr*
enteada	la belle-fille	*la bél-fi-e*
tia	la tante	*la tahNt*
prima	la cousine	*la ku-zin*
sobrinha	la nièce	*la ni-és*
esposa	la femme	*la fam*
nora	la belle-fille	*la bél fi-e*
namorada	la petite amie	*la petitami*

Você Pertence a Mim

A formação do possessivo em francês é igual ao português: "a mãe de Marie," que é "la mère de Marie". A preposição *de* significa *de* e é utilizada para expressar posse ou relacionamento.

Se o possuidor é chamado não pelo nome, mas por um substantivo comum, como *o menino*, ou os *pais (ele é o pai do menino*: O pai do menino, ou *Este é o carro dos pais*: o carro dos pais), a contração do *de* com os artigos definidos *le* e *les* expressa *do*:

De + le	du	C'est le pére *du* garçon.
De + les	des	C'est la voiture *des* parents.

Adjetivos Possessivos

Os adjetivos possessivos *meu, seu, sua* e assim por diante, também são utilizados para expressar posse, como ilustrado na Tabela 3.7.

Tabela 3.7 Adjetivos Possessivos

Usado antes de substantivo masculino singular	Usado antes do substantivo feminino singular	Usado antes de todos os substantivos plurais
mon (*mohN*)/meu	ma (*ma*) minha	mes (*me*)/meus/minhas
ton (*tohN*)/teu (fam.)	ta (*ta*) tua (fam.)	tes (*te*)/teus/tuas (fam.)
son (*sohN*) seu	sa (*sa*)/sua	ses (*se*)/seus/suas
notre (*notr*)/nosso	notre (*nohtr*)/nossa	nos (*no*)/nossos/nossas

Continua...

Usado antes de substantivo masculino singular	Usado antes do substantivo feminino singular	Usado antes de todos os substantivos plurais
votre (*votr*)/vosso (pol.)	votre (*votr*)/vossa (pol.)	vos (*vo*)/vossos/vossas (pol.)
leur (*léewr*)/seu	leur (*luhr*)/sua	leurs (*luhr*)/seus/suas

Os adjetivos *mon*, *ton* e *son* devem ser utilizados com substantivos femininos iniciados por vogal ou *h* mudo.

son histoire
mon amie

Um adjetivo possessivo deve concordar com o item possuído, não com o possuidor.

Ele ama *sua* mãe. *Il* aime *sa* mère.
Ela ama *sua* mãe. *Elle* aime *sa* mère.
Ele ama *seu* pai. *Il* aime *son* père.
Ela ama *seu* pai. *Elle* aime *son* père.

Son e *sa* significa *seu* e *sua*, pois o adjetivo possessivo concorda com o substantivo que ele modifica, não com o sujeito. Entretanto, *o pai dela* = *son père* porque *son* concorda com a palavra *père*, que é masculina. Sua mãe = *sa mère* porque *sa* concorda com a palavra *mère*, que é feminina.

O Que Você Tem

Talvez você queria falar sobre quantos filhos você tem ou a sua idade, ou você pode querer dizer como você se sente em um determinado momento. O verbo mais útil nestas situações é *avoir* (ter). Como o verbo *être* (ser, estar), *avoir* é um verbo irregular, e todas as suas formas (como descrito na Tabela 3.8) devem ser memorizadas.

Tabela 3.8 Verbo *avoir* (ter)

Francês	Pronúncia	Português
j'**ai**	*jé*	eu tenho
tu **as**	*tew a*	tu tens
il, elle, on **a**	*il, (él), (ohN) a*	ele, ela tem
nous **avons**	*nu za-vohN*	nós temos
vous **avez**	*vu zah-vê*	vós tendes
ils, elles **ont**	*il, (él) zohN*	eles, elas têm

Fazendo Perguntas

Se você não quer parecer muito curioso (e se o seu vocabulário em francês não está tão fluente ainda), provavelmente vai se contentar com diálogos com "sim ou não" como respostas. Existem quatro maneiras muito fáceis de fazer isso.

Exercício Extra

Eu quero saber tudo sobre você, porém, meu francês é deficiente. Conte-me tudo o que você puder sobre você e sua família em francês.

Entonação

A forma mais fácil de mostrar que você está fazendo uma pergunta é simplesmente mudar a sua entoação, elevando a sua voz ao final da frase:

Tu travailles aujourd'hui?
Você está trabalhando hoje?

N'est-ce pas?

Você também pode adicionar o marcador no final da frase:

> Tu travailles aujourd'hui, n'est-ce pas?
> Você está trabalhando hoje, não está (não é isso)?

Est-ce que

Você pode colocar *est-ce que* (*es-ke*) no início da frase. Embora não seja traduzido, *est-ce que* indica que uma pergunta será iniciada:

> Est-ce que tu travailles aujourd'hui?
> Você está trabalhando hoje?

Inversão

A *inversão*, a qual é utilizada muito mais frequentemente na escrita do que oralmente, significa inverter a ordem das palavras do *pronome sujeito* e da *forma verbal conjugada*. As regras relativas à inversão podem ser um pouco complicadas, mas não se desespere. Use um dos outros três métodos mencionados, se você quiser facilitar a sua vida. Você ainda vai falar francês corretamente, você será compreendido e sua pergunta será respondida. Se você está pronto para o desafio, aqui estão as regras:

- Evite inversão com *je*. É estranho e pouco utilizado.
- Você pode *apenas* inverter os pronomes sujeitos com verbos conjugados. *Não* faça inversão com substantivos!

  Tu travailles. Você trabalha.
  Travailles-tu? Você trabalha?

Vous parlez français. Você fala francês.
Parlez-vous français? Você fala francês?

Elles habitent à Nice. Elas moram em Nice.
Habitent-elles à Nice? Elas moram em Nice?

- Com *il* e *elle*, às vezes deve ser adicionado um *–t* para evitar a junção de duas vogais. Isso geralmente ocorre com verbos do grupo *-er*. O il e elle no grupo verbal *–ir* e *–re* tem verbos terminados em consoante:

  Il travaille bien. Ele trabalha bem.
  Travaille-t-il bien? Ele trabalha bem?

  Il choisit son dessert. Ele escolhe sua sobremesa.
  Choisit-il son dessert? Ele escolhe sua sobremesa?

  Elle répond vite. Ela responde rapidamente.
  Répond-elle vite? Ela responde rapidamente?

Como Responder

Se a resposta for sim, utilize *oui* (ui) e então dê sua resposta:

Vous chantez? Você canta?
Oui, je chante. Sim, eu canto.

Para responder afirmativamente a uma pergunta negativa, utilize *si*.

Tu ne chante pas bien? Você não canta muito bem?
Si, je chante bien. Sim, eu canto bem.

Se você quiser dizer não, utilize *non* (*nohN*) e então acrescente *ne* e *pas* (não), respectivamente, antes e depois do verbo conjugado. Se houver dois verbos, apenas o primeiro deve ser conjugado:

Vous dansez? Você dança?
Non, je ne danse pas. Não, eu não danço.
Non, je ne désire pas danser. Não, eu não quero dançar.

Utilize as seguintes frases negativas com o verbo conjugado se você quiser variar suas respostas:

Ne ... Jamais Nunca
(*ne... ja-mé*)
Je ne fume jamais. Eu nunca fumo.

Ne ... plus Não mais
(*ne... plew*)
Je ne fume plus. Eu não fumo mais.

Ne ... rien Nada, nem um pouco
(*ne... riahn*)
Je ne fume rien. Eu não fumo nada.

Obtendo uma Informação

Você é curioso como eu? Nesses casos, uma simples resposta como sim ou não nunca é suficiente. Você deseja obter mais informações e para isso, você vai precisar dos fatos. Utilize as perguntas na Tabela 3.9 para começar a descobrir:

Tabela 3.9 Questionando

Francês	Pronúncia	Português
à quelle heure	*a kel éewr*	em que momento
à qui	*a ki*	a quem
à quoi	*a quá*	o que

avec qui	*avek ki*	com quem
avec quoi	*avek quá*	com o que
de qui	*de ki*	de, sobre, de que
combien (de + substantivo)	*kohN-biahN (de)*	quanto, o quanto, quantas
comment	*ko-mahN*	como
où	*u*	onde
d'où	*du*	de onde
pourquoi	*pur kuá*	por que
quand	*kahN*	quando
qui	*ki*	quem, o qual
que	*ke*	que
qu'est-ce que	*kes-ke*	o que

Atenção!

Para perguntar *o que*, utilize *que* no início da frase e *quoi* no fim da frase:

Qu'est-ce que tu fais? Tu fais quoi?
O que você está fazendo?

Ao pedir informação:

- Utilize entonação.
  Vous parlez (Tu parles) *avec qui?*
- Utilize *est-ce que.*
  Avec qui est-ce que vous parlez (tu parles)?
- Utilize a inversão.
  Avec qui voyagez-vous (voyages-tu)?

Exercício Extra

Faça uma lista de perguntas que você gostaria de me fazer. Eu sou uma pessoa muito interessante e tenho uma grande família.

Capítulo 4

No Aeroporto

Neste Capítulo

- No avião e no aeroporto
- Tudo sobre o verbo *aller* (ir)
- Uso do *y*
- Dar e receber informações sobre direção
- O que dizer quando não entender

Viagens de avião podem ser longas e tediosas, principalmente quando você passa por fusos horários. Há inconveniências e atrasos com muita frequência. Os cenários são infinitos. Por várias razões você pode preferir um assento diferente ou ter alguma dúvida típica de turista para a tripulação. Se tiver a sorte de viajar por uma companhia estrangeira, você pode querer usar o seu conhecimento da língua para ajudá-lo a obter algumas dicas e informações. Use os termos da Tabela 4.1 para ajudar a enfrentar qualquer problema.

Tabela 4.1 No Avião

Português	Francês	Pronúncia
corredor	le couloir	*le ku-luár*
embarcar	embarquer	*ahN-bar-kê*
tripulação	l'equipage (m.)	*le-ki-paj*
desembarcar	débarquer	*de-bar-kê*
saída de emergência	la sortie (l'issue) de secours	*la sor-ti de se-kur*
portão	la porte	*la port*
aterrissagem	l'atterrissage	*la-te-ri-saj*
colete salva-vidas	le gilet de sauvetage	*le ji-lê de so-ve-taj*
(não) fumantes	(non) fumeurs	*(nohN) few-méewr*
fila	le rang	*le rahN*
assento	la place, le siège	*la plas, le siéj*
cinto de segurança	la ceinture de sécurité	*la saN-tewr de se-kew-ri-tê*
decolagem	le décollage	*le de-ko-laj*

Em Terra

Espere encontrar várias sinalizações que levem a todas as direções necessárias. Para amenizar o tempo que leva para descarregar sua bagagem, o que você deve fazer primeiro? Que tal ir ao banheiro? Você precisa fazer câmbio? Você está faminto após a refeição deliciosa que fez durante o voo? A Tabela 4.2 fornece todas as palavras que você precisa saber quando estiver dentro do aeroporto.

Tabela 4.2 No Aeroporto

Português	Francês	Pronúncia
companhia aérea	la ligne aérienne	*la linh ae-ri-eh*
avião	l'avion (m.)	*la-viohN*
aeroporto	l'aéroport	*lai-ro-por*
chegada	l'arrivée	*la-ri-vê*
esteira de bagagens	le tapis de bagages (m.)	*le ta-pi de ba-gaj*
banheiro	le toilette (f.)	*le tuá-let*
terminal de ônibus	l'arrêt de bus	*la-ré de bews*
aluguel de automóveis	la location de voitures	*la lo-ka-siohN de vuá-tewr*
bagagem de mão	les bagages à main	*le-ba-gaj a maN*
carrinho	le chariot	*le cha-ri-o*
balcão, guichê	le comptoir	*le kohN-tuár*
partida	le départ	*le de-par*
destino	la destination	*la des-ti-na-siohN*
elevadores	les ascenseurs (m.)	*la-sahN-séewr*
entrada	l'entrée	*lahN-trê*
saída	la sortie	*la sor-ti*
voo	le vol	*le vol*
portão	la porte	*la port*
informações	les renseignements (*m*)	*le rahN-senh-mahN*
achados e perdidos	les objets trouvés	*le zob jé tru-vê*
perder o voo	rater le vol	*ra-tê le vol*
casa de câmbio	le bureau de change	*le bew-ro de chahNj*
controle de passaportes	le contrôle des passeports	*le kohN-trol de pas-por*
carregador	le porteur	*le por-teewr*
verificação de segurança	le contrôle de sécurité	*le cohN-trol de se-kew-ri-tê*

Continua...

Tabela 4.2 No Aeroporto (continuação)

Português	Francês	Pronúncia
escala	l'escale	*les-cal*
mala	la valise	*la va-liz*
táxis	les taxis	*le tak-si*
passagem	le billet, le ticket	*le bi-iê* *le ti-kê*
viagem	le voyage	*le voi-aj*

Aonde Você Vai?

Ficar perdido atualmente nos aeroportos internacionais é bastante fácil. Para encontrar o caminho de volta, você precisa saber como fazer as perguntas certas.

Où est le comptoir? *u é le kohN-tuár?* Onde fica o guichê?	Le comptoir, s'il vous plait. *le kohN-tuár sil vu plé.* O guichê, por favor.
Où sont les bagages? *u sohN les ba-gaj?* Onde estão as bagagens?	Les bagages, s'il vous plaît. *le ba-gaj sil vu plé.* As bagagens, por favor.

Se o lugar que você procura estiver próximo, você ouvirá:

Voici le comptoir. *vuá-ci le kohN-tuár.* O guichê é aqui.	Voilà le comptoir. *vuá-la le kohN-tuár.* O guichê é lá.

Um verbo que será muito útil para você é mostrado na Tabela 4.3. *Aller* (ir) é um verbo irregular que deve ser memorizado.

Tabela 4.3 Verbo aller (ir)

Francês	Pronúncia	Português
je vais	*je-vé*	eu vou
tu vas	*tew va*	tu vais
il, elle, on va	*il, (él) (ohN) va*	ele, ela vai
nous allons	*nu zalohN*	nós vamos
vous allez	*vu zalê*	vós ides
ils, elles vont	*il (él) vohN*	eles, elas vão

O Pronome Y

O pronome *y* significa lá, geralmente substitui a preposição *à* (*au*, *à l'*, *à la*, ou *aux*) ou outras preposições de local: *chez*, na casa (negócio) de; *contre*, contra; *dans*, dentro, em; *derrière*, atrás; *devant*, em frente de; *en*, em, *entre*, entre, *sous*, sobre, *sur*, sobre, na; *e vers*, em direção a. *Y* pode significar também ele (s)/ela (s), nele(s)/nela(s), dele(s)/dela (s), a ele (s)/a ela (s), sobre ele (s)/ela (s) referentes a lugares, coisas e ideias.

Tu vas a Rome.
Tu *y* vas.
Você vai para lá.

Mon stylo est sur la table.
Mon stylo *y* est.
Minha caneta está lá.

Je réponds au téléphone.
J'*y* reponds.
Eu atendo.

Atenção!

Nunca utilize *y* para se referir a pessoas. O *y* é utilizado somente para se referir a lugares, coisas ou ideias.

Complicações

Quando seu destino não estiver muito claro, você vai precisar de mais orientações. Os verbos da Tabela 4.4 podem ajudá-lo a chegar onde quer ir ou ajudar alguém que está perdido.

Tabela 4.4 Verbos de Direção

Francês	Pronúncia	Português
aller	*a-lê*	ir
continuer	*kohN-ti-nu-ê*	continuar
descendre	*de-sahN-dr*	descer
marcher	*mar-chê*	andar
monter	*mohN-tê*	subir
passer	*pa-sê*	passar
prendre	prahNdr	pegar/levar
tourner	tur-nê	voltar
traverser	tra-ver-sê	atravessar

Use *tu* (singular) ou *vous* (plural), como o sujeito exigir. Porque o sujeito de um comando é sempre *você*, esqueça o *tu* ou *vous* e use corretamente o verbo. Apenas para os verbos terminados em *-er*, retire o *s* final da forma *tu* em todos os comandos.

Tourne a gauche.
Vire à esquerda.

Allez tout droit.
Siga em frente.

Desculpe, Mas o Que Você Disse?

Suponha que alguém lhe deu as informações e você simplesmente não entendeu. A pessoa com quem você está falando pode estar falando baixo, ou rápido demais, ou com um sotaque regional forte, ou utilizando palavras desconhecidas. Não há motivo para constrangimento. As frases na Tabela 4.5 podem ajudar muito se você precisar que algo seja repetido ou de mais informações.

Tabela 4.5 Quando Você Não Entende

Francês	Pronúncia	Português
Excusez	*eks-kew-zê*	com licença
Excuse-moi	*eks-kew-zê muá*	desculpe
Pardon	*par-dohN*	perdão
Je ne comprends pas	*je ne cohN-prahN pa*	Eu não entendo.
Je ne vous (t') ai pas entendu	*je ne vu ze pa zahN-tahN-dew*	Eu não entendi.
Répétez (Répète), s'il vous (te) plaît	*rê-pê-tê (repét) sil vu (te) plé*	Repita, por favor.
Parlez (Parle) plus lentement.	*Par-lê (parl) plew lahNt-mahN*	Fale mais devagar.
Qu'est-ce que vous avez (tu as) dit?	*kesk vu za-vê (tew a) di*	O que você disse?

Capítulo 5

Onde Quer que Você Esteja

Neste Capítulo

- Meios de transporte
- Uso do *quel*
- Números cardinais
- Falando sobre o tempo

Se você estiver viajando para um país de língua francesa, você pode se beneficiar de diferentes meios de transporte para chegar ao seu destino. Faça a si mesmo as seguintes perguntas: Você está viajando a passeio? Nesse caso, pode querer se misturar com as pessoas e andar de ônibus, metrôs e trens. O seu orçamento está apertado, e quanto tempo você tem? Se o dinheiro não está sobrando ou se está com pressa, um táxi pode ser a sua melhor opção. Você gosta de ver a paisagem? Se você se sentir confiante e familiarizado com as leis de trânsito estrangeiras e sinais de rua, pode querer alugar um carro.

Para dizer como você chegará lá, use o verbo irregular *prendre* (ver Tabela 5.1). *Prendre* tem uma pronúncia complicada: todas as formas singulares possuem terminações com sons nasais, porém a terceira pessoa do plural *ils/elles* é pronunciada de forma bastante diferente.

Tabela 5.1 Verbo *Prendre* (pegar/levar)

Português	Francês	Pronúncia
Eu pego/levo	je prends	*je prahN*
tu pegas/levas	tu prends	*tew prahN*
ele, ela pega/leva	il, elle prend	*il (él) (ohN) prahN*
nós pegamos/levamos	nous prenons	*nu pre-nohN*
vos pegais/levais	vous prenez	*vu pre-nê*
eles, elas/pegam	ils, elles prennent	*il (él) pren*

Agora você está pronto para dizer como você chegará lá:

Eu pego/levo ...
Je prends
je phraN

Português	Francês	Pronúncia
barco	le bateau	*le-ba-to*
ônibus	le bus (l'autobus)	*le bews (lo-to-bews)*
carro	l'auto (f)	*lo-to*
carro	la voiture	*la vuá-tewr*
metrô	le métro	*le me-tro*
táxi	le taxi	*le tak-si*
trem	le train	*le traN*

Viajando de Ônibus

Se você estiver visitando Paris, a R.A.T.P. (Régie Autonome des Transports Parisiens) é dirigido aos usuários de ônibus e metrô. Os ônibus verdes parisienses listam suas rotas e destinos no lado de fora do ônibus e suas principais paradas na lateral. A rota de cada linha é indicada por um sinal em cada parada realizada. Estão disponíveis nas agências de turismo e em algumas cabines de metrô mapas gratuitos (*Autobus Paris- Plan du Réseau*). Como os bilhetes não podem ser adquiridos dentro do ônibus, eles devem ser comprados antecipadamente em uma estação de metrô ou *bureau de tabac* (tabacaria).

Onde é o ponto de ônibus mais próximo?
Où est l'arrêt de bus le plus proche?
u é la-ré de bews le plew proch

Quanto custa a passagem?
Combien côute un billet?
kohN-biaN ku ahN bi-iê

Viajando de Metrô

As 13 linhas numeradas de metrô são ainda mais eficientes, indicadas por cores diferentes em mapas de metrô distribuídos em todos os lugares: nas estações de metrô, hotéis, lojas e agências de turismo. Cada estação de metrô exibe um *plan du quartier*, um mapa detalhado da área circundante. As conexões de uma linha de metrô para outra são gratuitas, e são indicadas por sinais *correspondance* laranja. Você pode fazer quantas conexões quiser utilizando apenas um bilhete, desde que não saia para a rua. As saídas estão claramente marcadas por sinais *sortie* azuis.

Onde fica o metrô mais próximo?
Où se trouve la station de métro la plus proche?
u se truv la sta-siohN de me-tro la plew proch

Onde posso comprar um bilhete?
Où je peux acheter un billet?
u je peew ach-tê ahN bi-iê

Quanto custa a passagem?
Quel est le prix du trajet?
ke lé le pri dew tra-jé

Quantas paradas existem mais?
Il reste combien d'arrêts?
il rest kohN-biahN da-ré

Qual é a próxima estação?
Quelle est la prochaine station?
kel é la pro-chen stasiohN?

Onde posso encontrar um mapa do metrô?
Ou je peux trouver un plan du métro?
u je peew tru-vê ahN plahN dew me-tro?

Viajando de Táxi

Os táxis sempre têm uma tarifa fixa para o aeroporto (para outras viagens, é cobrada de acordo com o taxímetro), mais custo extra para carregamento de bagagem e podem se recusar a aceitar mais de três passageiros.

Onde fica o ponto de táxi mais próximo?
Où est l'arrêt de taxi le plus proche?
u é la-ré de tak-si le plew proch?

Você poderia chamar um táxi para mim, por favor?
Appelez-moi un taxi s'il vous plaît.
ap-lê-muá ahN tak-si sil vu plé

Eu gostaria de ir. . .
Je voudrais aller. . .
je vu-dré alê

Quanto é para ir. . .
C'est combien pour aller à. . .
sé kohN-byaN pur alê a. . .

Pare aqui.
Arrêtez-vous ici.
a-re-tê vu ici

Espere por mim.
Attendez-moi.
a-tahN-dê muá

Viajando de Trem

Se você está indo mais longe, o R.A.T.P. também oferece serviço no RER (Réseau Express Régional), o sistema de trens suburbanos locais. O S.N.C.F. (Société Nationale des Chemins de Fer) possui trens que são os mais rápidos do mundo. O T.G.V. populares (Train à grande vitesse) viajam pelo país inteiro, e realizam ligações de Paris para o resto das cidades da França. Ele atingiu o recorde mundial de 260 km por hora.

Onde é a estação ferroviária mais próxima?
Où est la gare la plus proche?
u é la gar la plew proch

Eu gostaria. . .
Je voudrais. . .
je vu-dré. . .

um bilhete de primeira (segunda) classe.
un billet de première (deuxième) classe
ahN bi-iê de pre-miér (deewzi-êm) klas

um bilhete de ida e volta.
un aller-retour
ahN alê re-tur

um lugar para (não) fumante.
un compartiment (non) fumeurs
kohN-par-ti mahN (nohN) few-méewr

É local (expresso)?
Est-ce un local (un express)?
es ahN lo-kal (ahN neks-pré)

De qual plataforma ele sai?
De quel quai part-il?
de kel ké par til

Viajando de Carro

Dirigir em Paris pode ser perigoso: os motoristas são imprevisíveis, o tráfego é congestionado e há *poucos* estacionamentos. Se você é ousado, vá a *une location de voiture* alugar um carro. Sempre compare antes de fazer uma escolha final.

Gostaria de alugar um. . .
Je voudrais louer (une) (indicar a marca de automóveis).
je vu-dré luê

um conversível	un cabriolet *ahN ka-bri-o-le*
um sedan	une berline *ewn ber-lin*

um utilitário — un SUV
ahN es-ew-ve

Prefiro transmissão automática (manual).
Je préfère la transmission automatique (mécanique).
je pre-fér la trahNs-mi-sioN o-to-ma-tik (me-ka-nik)

Quanto custa por dia (por semana) (por km)?
Quel est le tarif à la journée (à la semaine) (au Km)?
kel é le ta-rif a la jur-nê (a la se-mén) (ô ki-lo-métr)

Quanto custa o seguro?
Quel est le montant de l'assurance?
kel é le mohn-tahN de la-su-rahNs

A gasolina está incluída?
Le carburante est compris?
le kar-bew-rahN é koN-pri

Tem bluetooth?
Est-elle equipée de Bluetooth?
é-tél e-ki-pê de blew-tuf

Tem sistema de navegação GPS?
Est-elle equipée d'une radio satellite (d'um système de GPS)?
é-tél e-ki-pê dew-ne ra-diô sa-te-lit? (d'aN sis-tém de je-pe-ese)?

Você aceita cartões de crédito? Quais?
Acceptez-vous des cartes de crédit? Lesquelles?
ak-sep-tê-vu de kar de Kredi? Le-kel?

Você poderia completar com gasolina?
Vous faites le plein d'essence?
vo fét le plan de sahNs?

A palavra francesa *feu* refere-se a um semáforo. Parar *au feu rouge* (no sinal vermelho) e ir *au feu vert* (no sinal verde).

Se você decidir alugar um carro, abra o porta-mala e certifique-se que há *un cric* (*ahN krik* – um macaco) e un *pneu de secours* (*ahN pnêew de se-kur* – estepe).

Note também que os europeus utilizam o sistema métrico para medir a distância.

Caminhando na Direção Certa

Aprenda a sinalização das estradas. Algumas não são tão óbvias como você pensa. Familiarize-se com os seguintes sinais antes de se aventurar por conta própria:

Você precisa conhecer os pontos cardeais:

Norte	Leste
au nord	à l'est
o nor	a lest
Sul	Oeste
au sud	à l'ouest
o sewd	a luest

Quanto Custa?

Você vai precisar aprender os números em francês listados na Tabela 5.2 para expressar qual voo ou ônibus você vai pegar ou para descobrir o valor do aluguel de um carro. Você vai precisar destes mesmos números quando quiser expressar as horas, contar até dez, ou revelar a sua idade.

Tabela 5.2 Números cardinais

Francês	Pronúncia	Número
zéro	*zê-ro*	0
un	*ahN*	1
deux	*dêew*	2
trois	*truá*	3
quatre	*katr*	4
cinq	*saNk*	5
six	*sis*	6
sept	*set*	7
huit	*ewit*	8
neuf	*nêewf*	9
dix	*dis*	10
onze	*ohNz*	11
douze	*duz*	12
treize	*trez*	13
quatorze	*ka-torz*	14
quinze	*kaNz*	15
seize	*sez*	16
dix-sept	*di-set*	17
dix-huit	*di-sewit*	18
dix-neuf	*diz-new*	19
vingt	*vaN*	20
vingt et un	*vaN-te ahN*	21
vingt-deux	*vaN-dêew*	22
trente	*trahNt*	30
quarante	*ka-rahNt*	40
cinquante	*saN-kahNt*	50
soixante	*sua-sahNt*	60
soixante-dix	*sua-sahNt-dis*	70
soixante et onze	*sua-sahNt ohNz*	71
soixante-douze	*sua-sahNt-duz*	72
soixante-treize	*sua-sahNt-trez*	73

Continua...

Francês	Pronúncia	Número
soixante-quatorze	*sua-sahNt-katorz*	74
soixante-quinze	*sua-sahNt-kaNz*	75
soixante-seize	*sua-sahNt-sez*	76
soixante-dix-sept	*sua-sahNt-set*	77
soixante-dix-huit	*sua-sahNt-di-zewit*	78
soixante-dix-neuf	*sua-sahNt-diz-newf*	79
quatre-vingts	*katr-vaN*	80
quatre-vingt-un	*katr-vaN-ahN*	81
quatre-vingt-deux	*katr-vaN-dêew*	82
quatre-vingt-dix	*katr-vaN-dis*	90
quatre-vingt-onze	*katr-vaN-ohNz*	91
quatre-vingt-douze	*katr-vaN-duz*	92
cent	*sahN*	100
cent un	*sahN ahN*	101
deux cents	*dêew sahN*	200
deux cent un	*dêew sahN ahN*	201
Mille	*mil*	1000
deux mille	*dêew mil*	2000
un million	*ahN mi-liohN*	1,000,000
deux millions	*dêew mi-liohN*	2,000,000
un milliard	*ahN mil-iar*	1,000,000,000
deux milliards	*dêew mil-iar*	2,000,000,000

Assim como em português, em algarismos e números decimais, use vírgulas para os decimais e pontos para unidades:

Português	**Francês**
1.000	1.000
0,25	0,25
$9,95	$9,95

Os números em francês podem ser um pouco complicados até você se acostumar a eles. Olhe atentamente Tabela 5.2 e preste bastante atenção ao seguinte:

- A conjunção *et* (e) é utilizada apenas para os números 21, 31, 41, 51, 61 e 71. Use um hífen em todos os números compostos, até o 99.
- *Un* se torna *une* diante de um substantivo feminino:

  vingt et *un* garçons et vingt et une filles
- Para formar 71 - 79, use 60 + 11, 12, 13 e assim por diante.
- Para formar 91 - 99, use 80 (4 x 20) + 11, 12, 13 e assim por diante.
- Não use *un* (um), antes de cent e *mille.*
- *Mille* não muda no plural.

Você Tem Horas?

Agora que você pegou o jeito com os números, será bem fácil expressar as horas, conforme explicado abaixo na Tabela 5.3.

Que horas são?	A que horas?
Quelle heure est-il?	À quelle heure?
kel-éewr é-til?	*a kel éewr?*

Tabela 5.3 Dizendo as Horas

Francês	Pronúncia	Português
Il est une heure.	*il é ewn éewr*	É 1h.
Il est deux heures cinq.	*el é dêew zéewr saN*	São 2h05min.
Il est trois heures dix.	*il é truá zéewr dis*	São 3h10min.
Il est quatre heures et quart.	*il é katr éewr kaNzh*	São 4h15min.
Il est cinq heures vingt.	*il é saNk éewr vaN*	São 5h20min.
Il est six heures vingt-cinq.	*il é si zéewr vaN-saNk*	São 6h25min.
Il est sept heures et demie.	*il é se téewr e de-mi*	São 7h30min.
Il est huit heures moins vingt-cinq.	*il é ewit éewr moaN vaN-saNk*	São 7h35min.
Il est neuf heures moins vingt.	*il é nêew véewr moan vaN*	São 8h40min.
Il est dix heures moins le quart.	*il é di zéewr moaN le kar*	São 9h45min.
Il est onze heures moins dix.	*il é ohN zéewr moaN dis*	São 10h50min.
Il est midi moins cinq.	*il é mi-di moaN saNk*	São 11h55min.
Il est minuit.	*il é mi-newit*	É meia-noite.

Ao falar as horas não se esqueça de fazer o seguinte:

- Adicione o número de minutos para expressar o tempo depois da hora; utilize *et* apenas com *quart* e *demi (e)*.
- Use *moins le* (antes, menos, menor) para expressar o tempo antes da hora.
- Use o seguinte para expressar meio-dia

e meia ou meia-noite e meia:

Il est midi et demi.

Il est minuit et demi.

- *Demi (e)* é utilizado para expressar meia hora com todas as outras horas.

Exercício Extra

Pegue o jornal de sua cidade e em francês leia em voz alta os horários dos filmes a que você deseja assistir.

Capítulo 6

Administrando Seu Dinheiro

Neste Capítulo

- Termos bancários
- Expressões de operações bancárias

Este capítulo é para todos que precisam ir ao banco. Um turista que precisa trocar dinheiro ou fazer operações bancárias no exterior, por exemplo.

No Banco

Há muitas razões para uma pessoa que viaja ou mora no exterior ir ao banco. A razão mais comum é trocar dinheiro. (Os bancos costumam oferecer uma taxa de câmbio muito favorável.)

A unidade monetária da França é o Euro. Os bancos franceses, em todo lugar, abrem entre 8h e 9h e fecham entre 15h e 17h. Alguns bancos fecham durante o almoço, que pode durar até duas horas.

O dinheiro pode também ser trocado em *un bureau de change (ahN bew-ro- de chahNj)*. Estas agências de câmbio podem ser encontradas em todas as ruas de Paris, como também em outras cidades. Algumas oferecem excelentes taxas, enquanto outras cobram comissões exorbitantes. É sempre aconselhável pesquisar um pouco antes de tomar uma decisão.

Atenção!

Lembre-se de que os hotéis, aeroportos e estações de trens possuem as piores taxas de câmbios. Evite-os o máximo que puder.

Talvez você tenha grandes objetivos; talvez você queira comprar imóveis, abrir um negócio, fazer investimentos ou ficar e abrir uma conta corrente ou poupança. Qualquer que seja o seu motivo, você precisa se familiarizar com as frases fornecidas no minidicionário de termos bancários, na Tabela 6.1.

Tabela 6.1 Minidicionário de Termos Bancários

Português	Francês	Pronúncia
pagamento adiantado	le payment anticipé	*le pe-i-mahN ahN-ti-sipê*
caixa eletrônico	un distributeur automatique de billets, un guichet, automatique de banque	*ahN dis-tribew-téewr o-to-ma-tik de bi-iê ahN gi-chê o-to-ma-tik de bahNk*
saldo	le solde	*le sold*

Continua...

Português	Francês	Pronúncia
banco	la banque, la caísse, d'épargne	*la baNk, la kes, de-parnh*
conta bancária	le compte en banque	*le kohNt ahN bahNk*
extrato bancário	le livret de banque	*le livrê de bahNk*
conta	le billet, la coupure	*le bi-iê, la kupewr*
emprestar	emprunter	*ahN-pruhN-tê*
agência	la succursale	*la sew-kewr-sal*
dinheiro	l'argent liquide (m.)	*lar-jahN-li-kewd*
fluxo de caixa	la Marge brute	*la marj-brewt*
caixa	la caísse	*la kes*
câmbio (transação)	le change	*le chahNj*
moeda corrente	la monnaie	*la mo-ne*
cheque	le chèque	*le chek*
talão de cheque	le carnet de chèques, le chéquier	*le kar-nê de chek, le che-kiê*
conta corrente	le compte-chèques, le compte-courant	*le kohNt-chek le kohNt ku-rahN*
moeda	la pièce	*la piés*
crédito	le crédit	*le cre-di*
unidade monetária	la devise	*la de-viz*
cliente	le (la) client(e)	*le (la) kli-ahN (t)*
débito	la dette	*la dét*
depósito	le dépôt, le versement	*le de-pô le ver-mahN*
depositar	déposer, verser	*de-po-sê, ver-sê*
pagamento inicial, entrada	l'acompte (m.), les arrhes (f.)	*la-kohNt, le-zar*

Continua...

Tabela 6.1 Minidicionário de Termos Bancários (continuação)

Português	Francês	Pronúncia
data de vencimento	la date d'échéance	*la dat de-che-ahNs*
empregado(a)	l'employé(e)	*lahN-pluá-iê*
endossar	endosser	*ahN-do-sê*
taxa de câmbio	le cours du change	*le kur dew chahNj*
preencher	remplir	*rahN-plir*
liberação do pagamento	le versement de libération, le versement final	*le vers-mahN de li-be-ra-siohN, le vers-mahN fi-nal*
guardar	le garde	*le gard*
garantia	le caution	*la ko-siohN*
proprietário/a	le titulaire	*le ti-tew-lér*
parcelamento de	le versement	*le vers-mahN*
pagamento	échelonné, l'acompte (m.)	*ê-che-lo-nê la-kohNt*
juros	l'intérêt (m.)	*laN-te-ré*
juros compostos	composé	*kohN-po-zê*
taxa de juros	le taux d'intérêt	*le to daN-te-ré*
investir	placer	*pla-sê*
investimento	le placement	*le plas-mahN*
empréstimo	l'emprunt (m.), le prêt	*lahN-pruhN, le pré*
fazer um empréstimo	faire un emprunt	*fer-ahN-nahN-pruhN*
de longo prazo	à long terme	*a lohN térm*
administrar	gérer	*je-rê*
casa de câmbio	le bureau de change	*le bew-ro de chahNj*
relatório mensal	le releve mensuel	*le relev mahN sewel*
hipoteca	l'hypothèque (f.)	*li-po-tek*
conta corrente	le compte courant	*le kohNt-ku-rahN*
saldo negativo	le découvert	*le de-ku-ver*

Continua...

Português	Francês	Pronúncia
cheque devolvido	le chèque sans provision	*le chek sahN pro-vi-ziohN*
pagar em dinheiro	payer comptant	*pêi-iê kohN-tahN*
pagamento	le versement, le paiement	*le vers-mahN* *le pe-mahN*
por cento	pourcent	*pur-sahN*
porcentagem	le pourcentage	*le pur-sahN-taj*
nota promissória	le billet à ordre	*le bi-iê-a-ordr*
compra	l'achat (m.)	*la-cha*
investir	mettre	*me-tr*
trimestre	le trimestre	*le tri-mestr*
recibo	le reçu, la quittance	*le re-sew, la ki-tahNs*
renda	le revenu	*le re-ve-new*
cofre	le cofre-fort	*le cofr-for*
venda	la vente	*la vahNt*
economizar	économiser, épargner	*e-ko-no-mi-zê, e-par-nhê*
conta poupança	le compte, d'épargne	*le kohNt de-parnh*
a curto prazo	à court terme	*a kur térm*
assinar	signer	*si-nhê*
assinatura	la signature	*la si-nha-tewr*
soma	la somme	*la som*
caixa (de banco)	le caisser, la caissière	*le ke-sê, la ke-siêr*
total	le montant	*le mohN-than*
transferência	le virement	*le vir-mahN*
cheque de viagem	le chèque de voyage	*le chek de voi-iaj*
anulado	annulé	*a-new-lê*
guichê	le guichet	*le gi-chê*
sacar	retirer	*re-ti-rê*
retirada	le retrait	*le re-tré*

Transações Bancárias

Se você tiver que ir ao banco, as frases seguintes serão muito úteis em situações cotidianas bancárias, como fazer depósitos e saques, abrir uma conta corrente, ou fazer um empréstimo.

Quais são os horários do banco?
Quelles sont les heures d'ouverture et de fermeture?
Kel sohN lê zéewr du-ver-tewr e fer-me-tews?

Eu gostaria de...
Je voudrais...
je vu-dré

fazer um depósito.
faire un dépôt
(un versement).
fer ahN de-pô
(ahN vers-mahN)

fazer um saque.
faire un retrait.
Fer ahN re-tré

fazer um pagamento.
faire un paiement.
(un versement)
fer ahN pe-mahN
(ahN ves-mahN)

fazer um empréstimo.
Faire un emprunt.
fer ahN nahN-pruhN

trocar um cheque.
toucher un chèque.
tu-chê ahN chek

abrir uma conta.
ouvrir un compte.
u-vrir ahN kohNt

fechar uma conta.
fermer un compte.
fehr-mê ahN kohNt

trocar dinheiro.
changer de l'argent.
chahN-gê de lar-jahN

Eu receberei um extrato mensal?
Est-ce que je recevrai un releve mensuel?
Es-ke-je re-se vré ahN re-le-v mahN-suel?

Qual é a taxa de câmbio de hoje?
Quel est le cours du change aujourd'hui?
Kel é le kur de chahNj o-jurd-oewi?

Vocês têm um caixa eletrônico?
Avez-vous un distributeur (guichet) automatique de billets?
a-vê vu ahN dis-tri-bew-i-téewr o-to-ma-tik de bi-iê?

Como ele funciona?
Comment s'en sert-on?
ko-mahN sahN ser-tohN?

Ele está sempre disponível?
Est-il à ma disposition à tout moment sept jours sur sept?
É-til a ma dis-po-zi-siohN a tu mo-mahN set jur sewr set?

Posso retirar meu dinheiro 24 horas por dia?
Puis-je faire des retraits d'argent vingt-quatre heures sur vingt-quatre?
Pewij fer de re-tré dar-jahN vaN-katre éewr sewr vaN-katr?

Há taxa de comissão por cada transação?
Y a-t-il une commission forfaitaire par operation?
ia til ewn ko-mi-siohN for-fe-tér pa-ro-pe-ra-siohN?

Atenção!

O sistema de computador Minitel permite a realização de transações bancárias de uma forma mais fácil.

Capítulo 7

No Hotel

Neste Capítulo

- Tirando o máximo proveito do seu hotel
- Números ordinais

Um agente de viagens brasileiro pode ajudá-lo a encontrar acomodações e reservas que atendam às suas necessidades e ao seu orçamento, não importa onde você vá no mundo francófono. Se você tiver um impulso momentâneo de mudança de planos, você pode ir ao *Syndicat d'Initiative (saN-di-ka di-ni-si-a-tiv)* ou ao *Office du Tourisme (o-fis de tu-rism)* para encontrar acomodação. Você pode encontrar os seguintes tipos de alojamentos em suas viagens:

- *Hôtels (o-tel)* são avaliados pelo Departamento de Turismo Francês, que traz um guia oficial com informações sobre a classificação de uma estrela (muito modesto) a quatro estrelas (luxuoso). As acomodações e confortos que o hotel oferece, tal como sua localização, determinam o número de estrelas que recebem.

- *Os motels (mo-tel)* são cada vez mais populares na França. Você pode encontrá-los nos aeroportos e próximos às principais estradas em áreas rurais e fora das grandes cidades.
- *As pensions (pahN-siohN)* são estabelecimentos confortáveis e aconchegantes que geralmente são empresas familiares. Eles fornecem tudo, desde serviços básicos até os mais luxuosos. A alimentação pode estar incluída no preço. As pensões são direcionadas ao viajante que quer realmente conhecer o país, viajando por lugares poucos visitados.
- *Os auberges (o-berj)* são pousadas populares à margem da estrada que geralmente oferecem serviços para pessoas que viajam de carro. Um *auberge de jeunesse* é um albergue para jovens que fornece um ambiente para dormitório.
- *Os chambres d'hôte (chaNbr dot)* são hotéis baratos que oferecem apenas o leito e o café da manhã (geralmente na casa do proprietário), geralmente mantidos por famílias locais em pequenas cidades e vilas.
- *As gîtes ruraux (jit-rurô)* são casas ou apartamentos particulares disponíveis para locação.

É sempre bom verificar com sua agência de viagem ou com a gerência do hotel antes de sair de casa a fim de se certificar de que tudo está de acordo com o que você solicitou. Dependendo de suas necessidades, você precisará saber as palavras para tudo, desde banheiro até piscina. Esteja preparado para algumas surpresas – mesmo com as reservas antecipadas e garantias de seu agente. Lembre-se que nunca é demais perguntar quando está se preparando ou com dúvidas. Observe também que, em edifícios franceses o andar térreo é chamado de *le rez-de-chaussée* (abreviado como rez-de-ch) e o porão é chamado de *le sous-sol* (abreviado de *s-s*). O "primeiro andar" geralmente é o segundo andar em todos os edifícios. Veja na Tabela 7.1 uma lista básica de instalações de hotel:

Tabela 7.1 Instalações de um Hotel

Português	Francês	Pronúncia
bar	le bar	*le bar*
carregador de malas	le bagagiste	*le ba-ga-jist*
centro de negócios	le centre d'affaires	*le sahNtr de-fér*
recepcionista	le (la) concierge	*le (la) kohN-sierj*
porteiro	le portier	*le por-tiê*
elevador	l'ascenseur *m.*	*la sahN-séewr*
academia de ginástica	le club santé	*le klewb sahN-tê*
loja	la boutique	*la bu-tik*
serviço de limpeza	la gouvernante	*la gu-ver-nahNt*
restaurante	le restaurant	*le res-to-rahN*
escada	l'escalier m.	*les-ca-liê*
piscina	la piscine	*la pi-sin*
serviço de manobristas	l'attendance *(f.)* du garage	*la-tahN-dahNs dew ga-raj*

Obtendo o que Você Quer

Está faltando algo? Está insatisfeito com sua acomodação? Se precisar de algo que torne sua permanência mais agradável, não tenha receio em falar. A Tabela 7.2 lista alguns itens que expressam querer ou precisar.

Eu gostaria...	Je voudrais...	*je vu-dré*
Eu preciso...	Il me faut...	*il me fô*
Eu preciso...	J'ai besoin de (d')	*je be zoaN de*

Por favor, me envie...	Veuillez m'envoyer...	*vei-iê-mahN--vuá-iê*
Não há...	Il n'y a pas de...	*il ni-a-pá de*

Não se esqueça de demonstrar bons modos utilizando as frases abaixo:

Por favor	S'il vous plaît	*sil vu plé*
Muito obrigado(a)	Merci beaucoup	*mer-si bo-ku*
De nada	De rien	*de riahN*
De nada	Pas de quoi	*pá de kuá*
Não há de quê	Je vous en prie	*je vu zahN pri*

Tabela 7.2 Desejos e Necessidades

Português	Francês	Pronúncia
ar condicionado	la climatisation	*la kli-ma-ti-zasiohN*
um cinzeiro	un cendrier	*ahN sahN-driê*
uma sacada	un balcon	*ahN bal-kohN*
um sabonete	un savon de bain	*ahN sa-vohN de baN*
banheiro	une salle de bains	*ewn sal de baN*
um cobertor	une couverture	*ku-ver-tewr*
um secador de cabelo	un sèche-cheveux	*ahN séch-che-vêew*
cabides	des cintres	*de saNtr*
uma chave	une clé	*ewn clê*
cubos de gelo	des glaçons	*deh gla-sohN*
água mineral	de l'eau minérale	*de lo-mi-ne-ral*
travesseiro	un oreiller	*ahN o-rei-iê*
cofre	un coffre	*ahN kofr*

Continua...

Português	Francês	Pronúncia
um chuveiro	une douche	*ewn duch*
quarto com uma cama	une chambre un lit	*ewn chahNbr a ahN li*
quarto duplo	une chambre à deux lit	*ewn chahNbr a déew li*
pátio	côté cour	*koh-tê kur*
jardim	jardin	*jar-daN*
ao lado do mar	côté mer	*ko-tê mér*
telefone	un téléphone	*ahN te-le-fone*
televisão (a cores) (tela plana) (telão)	une télévision (en couleurs) (écran plat) (grand écran)	*ewn te-le-vi-ziohN (ahN ku-léewr) (ekrahN pla) (grahN te-krahN)*
papel higiênico	un rouleau de papier hygiénique	*ahN ru-lô de pa-piê i-ji-e-nik*
uma toalha	une serviette	*ewn ser-viet*
toalha de praia	un drap de bain	*ahN dra de baN*
transformador	un transformateur	*ahN trahNs-for-ma-téewr*

Sempre Adiante

Aposto que, como muitos de nós, você já teve uma experiência em um elevador, em um hotel ou em algum outro lugar, em que nos sentimos como uma grande sardinha em uma pequena lata. Quando você é empurrado para o fundo ou espremido para o lado, tem que esperar que uma alma bondosa e gentil levante a mão e pergunte: "*Quel étage, s'il vous plaît?*" *(kel e taj sil vu ple)* – em outras palavras, "Qual andar, por favor?". Você precisará saber os números ordinais (ver Tabela 7.3) para dar a informação correta, como: *"le troisième étage, s'il vous plaît" (le trua-ziem e-taj sil vu ple).*

Tabela 7.3 Números Ordinais

Francês	Pronúncia	Português
premier (première)	*pre-miê (pre-miér)*	primeiro(a)
deuxième (second[e])	*deew-ziem (se-gohN[d])*	segundo(a)
troisième	*truá-ziem*	terceiro(a)
quatrième	*ka-tri-em*	quarto(a)
cinquième	*saN-kiem*	quinto(a)
sixième	*si ziem*	sexto(a)
septième	*se-ti-em*	sétimo(a)
huitième	*ewi-ti-em*	oitavo(a)
neuvième	*neew viem*	nono(a)
dixième	*di-ziem*	décimo(a)
onzième	*ohN-ziem*	décimo(a) primeiro(a)
douzième	*du-ziem*	décimo(a) segundo(a)
vingtième	*vaN-tiem*	vigésimo(a)
vingt et un (e) ième	*vaN-Te-ahN-niem*	vigésimo(a) Primeiro(a)
soixante-douzième	*suá-sahNt-du-ziem*	septuagésimo(a) segundo
centième	*sahN-tiem*	centésimo

- Os únicos números ordinais que devem concordar com o gênero (masculino ou feminino) do substantivo que ele descreve são *premier* e *second.*

Son premier roman	Seu primeiro romance
Sa première chanson	Sua primeira canção

- Exceto para *premier* e *second*, acrescenta-se *–ième* para todos os números cardinais para formar um número ordinal. Retire o e mudo antes de *-ième.*
- Observe que *u* foi acrescentado em *cinquième* e que *v* substituiu *f* em *neuvième.*
- *Second(e)* é usado geralmente em uma série que não vai além de dois.
- A elisão não ocorre (o artigo definido *le* ou *la* não elide sua vogal) com *huitième* e *onzième.*

Le huitième móis	o oitavo mês
La onzième année	o décimo-primeiro ano

Capítulo 8

Que Dia Deslumbrante!

Neste Capítulo

- Estações do ano e o tempo
- O verbo *faire*
- Dias da semana
- Meses do ano
- Lembrando de uma data

As pessoas viajam por todo o mundo durante todo o ano. Não importa quando a data especial acontecerá, você deve se familiarizar com as condições do tempo que virão, a fim de que possa planejar e fazer as malas devidamente. E depois que chegar no país, terá que ser capaz de ler ou ouvir a previsão do tempo (*la météo/la me-te-ô*) para que possa programar suas viagens e excursões correspondentes. As frases na Tabela 8.1 ajudarão com as expressões de tempo.

Tabela 8.1 Expressões do Tempo

Francês	Pronúncia	Português
Quel temps fait-il?	*kel tahN fé-til*	Como está o tempo?
Il fait beau.	*il fé bo*	Está bom.
Il fait chaud.	*il fé cho*	Faz calor.
Il fait du soleil.	*il fé du so-lei*	Está ensolarado.
Il fait mauvais.	*il fé mo-vé*	O tempo está ruim.
Il fait froid.	*il fé fruá*	Está frio.
Il fait frais	*il fé fré*	Está fresco.
Il fait du vent	*il fé dew vahN*	Está ventando.
Il fait des éclairs (*m.*)	*il fé de ze-clér*	Está relampejando.
Il fait du tonnerre	*il fé dew to-ner*	Está trovejando.
Il y a du brouillard	*i-li a dew bru-iard*	Há neblina.
Il fait humide	*il fe tew-mid*	Está úmido.
Il y a des nuages	*i-li-a de-new-aj*	Está nublado.
Le ciel est couvert	*le siel é ku-vér*	O tempo está escuro.
Il pleut	*il plêew*	Está chovendo.
Il pleut à verse	*il plêew a vers*	Está chovendo muito.
Il neige	*il néj*	Está nevando.
Il y a des rafales (*f.*)	*i-li-a de ra-fal*	Há rajada de vento.
Il y a de la grêle	*i-li-a de la grel*	Está chovendo granizo.
Il y a des giboulées (*f.*)	*i-li-a de gibulê*	Está chuviscando.

Está Muito Calor Ou Frio?

Você não irá se confundir quando ouvir sobre a temperatura em um país de língua francesa. Isso acontece porque eles usam, como no Brasil, a escala Celsius.

Para perguntar sobre a temperatura, simplesmente diga:

Il fait quelle temperature?
Il fé kel tahN-pe-ra-tewr
Qual é a temperatura?

Agora, aqui há respostas possíveis para sua pergunta:

Il fait moins dix.
il fé moahN dis
Está abaixo de 10.

Il fait zéro.
il fé zerô
Faz zero graus.

Il fait soixante.
il fé suá-sahNt
Faz sessenta graus.

Exercício Extra

Olhe para o mapa do tempo no seu jornal diário. Dê uma olhada no tempo e na temperatura em francês para cidades de todo o país.

O Verbo *Faire*

Quando falar sobre o tempo, você precisará do verbo *faire*. Como na Tabela 8.2, *faire* significa fazer, e geralmente é usado para falar de tarefas domésticas e esportes.

Tabela 8.2 O Verbo *Faire* (fazer)

Francês	Pronúncia	Português
je fais	*je fé*	eu faço
tu fais	*tew fé*	tu fazes
il, elle, on fait	*il (él) (ohN) fé*	ele, ela faz
nous faisons	*nu fe-zohN*	nós fazemos

Continua...

Tabela 8.2 O Verbo *Faire* (fazer) (continuação)

Francês	Pronúncia	Português
vous faites	*vu-fét*	vós fazeis
ils, elles font	*il (él) fohN*	eles/elas fazem

Você deve conjugar o verbo *faire* quando usar em um contexto:

Tu fais un voyage?
Você está viajando?

Elles font une promenade.
Eles estão dando um passeio.

Que Dia é Hoje?

Provavelmente você é capaz de esquecer o dia da semana quando está ocupado. É extremamente importante ficar de olho no dia quando você está viajando para não parar em uma atração turística que queria tanto ver justamente no dia em que está fechada. Estude os dias da semana na Tabela 8.3 para não perder nada.

Em francês, somente usamos letras maiúsculas nos dias da semana quando estão no início de uma frase. Em qualquer outro lugar, eles são escritos como no português.

Samedi est un jour.	Sábado é um dia.
Je vais au supermarché le samedi.	Eu vou ao supermercado aos sábados.

Atenção!

Para expressar *no(a)* quando falamos de um determinado dia, os franceses usam o artigo definido le:

Le Mardi, Il va au centre commercial.
le mar-di il va o sahNtr ko-mer-sial
Na terça, ele vai ao shopping.

Diferentemente dos nossos calendários, os calendários franceses começam na segunda. Não se confunda quando der uma olhada rápida. Certifique-se de que está marcando o compromisso no dia certo.

Tabela 8.3 Dias da Semana

Português	Francês	Pronúncia
segunda-feira	lundi	*luhN-di*
terça-feira	mardi	*mar-di*
quarta-feira	mercredi	*mer-kre-di*
quinta-feira	jeudi	*jeew-di*
sexta-feira	vendredi	*vahN-dre-di*
sábado	samedi	*sam-di*
domingo	dimanche	*di-mahNch*

Meu Mês Favorito

Ao examinar atentamente os panfletos coloridos de férias, provavelmente você se perguntará qual o melhor momento para viajar. A Tabela 8.4 fornece os nomes dos meses para que você não escolha o lugar errado no tempo errado.

Tabela 8.4 Meses do Ano

Português	Francês	Pronúncia
janeiro	janvier	*jahN-viê*
fevereiro	février	*fe-vriê*
março	mars	*mars*
abril	avril	*a-vril*
maio	mai	*mé*
junho	juin	*juaN*
julho	juillet	*jewi-iê*
agosto	août	*ut*
setembro	septembre	*set-tahNbr*
outubro	octobre	*oc-to-br*
novembro	novembre	*no vahNbr*
dezembro	décembre	*de-sahNbr*

Os meses do ano devem ser sempre grafados em letra minúscula, exceto no início de uma frase.

Janvier est un mois.
Janeiro é um mês.

Je vais en France en janvier.
Eu vou à França em janeiro.

Para deixar claro que você espera que aconteça alguma coisa *em* determinado mês, utilize a preposição *en.*

> Nós iremos à Europa em setembro.
> Nous allons en Europe en septembre.

Para Cada Estação, Mudança, Mudança, Mudança

Para aqueles que são hábeis em previsão do tempo, algumas estações do ano são melhores do que outras para viajar em certos países. Certifique-se de planejar sua viagem para quando o tempo estiver bom, para evitar complicações com furacões, tempestades ou outras condições adversas. A Tabela 8.5 fornece os nomes das estações.

Tabela 8.5 As Estações

Português	Francês	Pronúncia
inverno	l'hiver	*li-ver*
primavera	le printemps	*le praN-tahN*
verão	l'été	*le-te*
outono	l'automne	*lo-ton*

Os franceses usam a preposição *en* para todas as estações do ano para expressar *no, na* (exceto para primavera, quando usa-se *au*):

> Elle va à Paris en hiver (en été,
> en automme, **au** printemps).
> Ela vai à Paris no inverno (no verão,
> no outono, na primavera).

Quando É o Nosso Encontro?

Sem dúvida, quando se planeja e se prepara para viajar, você geralmente tem que se referir e perguntar sobre as datas. As perguntas a seguir ajudarão a obter a informação de que você precisa sobre o dia e a data:

Que dia é hoje?
Quel jour est-ce?
Kel jur es?

Quel jour sommes-nous?
Kel jur som nu?

Qual é a data (de hoje)?
Quelle est la date (aujourd'hui)?
Kel é la dat (o-jur-dewi)?

E as respostas para essas perguntas são:

Hoje é...
C'est aujourd'hui + (dia) data
Sé o-jur-dewi...

Hoje é...
Aujourd'hui nous sommes + (dia) data
O-jur-dewi nu som...

Com o objetivo de expressar datas para compromissos, planos de viagens e encontros em francês, siga estas regras simples:

- As datas em francês são expressas desta maneira:
  Dia da semana + *le* número (cardinal) + mês + ano
  Lundi, le onze juillet, dix-neuf cent quatre-vingt-dix-neuf
  Segunda, onze de julho de mil novecentos e noventa e nove.

- Use *premier* para dizer o primeiro dia de cada mês. Use os números cardinais para todos os outros dias:

Le premier juin	Primeiro de junho
Le deux juin	Dois de junho

- Os anos geralmente são ditos em centenas. Quando a palavra mil é escrita em datas, geralmente é usado *mil* ao invés de *mille*:

1999	dix-neuf cent quatre-vingt neuf
	mil neuf cent quatre-vingt neuf
2009	deux mil neuf

Preste atenção em como a data é escrita em francês:

Francês	**Português**
Le 14 septembre 1948	14 de setembro de 1948
14/9/48 (14.9.48)	14/09/1948

Você precisará de certas palavras e expressões relacionadas ao tempo quando tiver que fazer planos e organizar seu tempo sabiamente. Quando o tempo é fundamental, tenha as expressões da Tabela 8.6 em mente.

Tabela 8.6 Expressões de Tempo

Português	Francês	Pronúncia
há	Il y a...	*i-li-a...*
depois de amanhã	après-demain	*a-pré demaN*
anteontem	avant-hier	*a-vahN-tiér*
um dia	un jour	*ahN jur*
durante	pendant...	*pahN-dahN*

Continua...

Português	Francês	Pronúncia
de	dès	*de*
em	dans...	*dahN*
último	dernier (dernière)	*der-niê (der-ni-ér)*
último	passé(e)	*pa-sê*
um mês	un mois	*ahN muá*
o dia seguinte	le lendemain	*le lahN-de-maN*
próximo	prochain(e)	*pro-chahN*
hoje	Aujourd'hui	*o-jur-dewi*
amanhã	Demain	*de-maN*
uma semana a partir de hoje	d'aujourd'hui en huit	*do-jur-dewi ahN ewit*
duas semanas a partir de hoje	d'aujourd'hui en quinze	*do-jur-dewi ahN kaNz*
uma semana	Uma semana	*ewn se-men*
um ano	un an	*ahN nahN*
um ano	Une année	*ewn anê*
ontem	Hier	*iér*

Utilize o artigo definido para expressar *em* com datas.

Je pars le douze janvier.

Estou partindo em 12 de janeiro.

Capítulo 9

Na Cidade

Neste Capítulo

- Atrações turísticas
- Como fazer sugestões e planejamentos
- Como dar sua opinião

É importante planejar um itinerário lógico para viajar em um país estrangeiro. Planeje todas as atrações turísticas importantes que quer ver durante o dia. Você não gostaria de passar suas férias preciosas correndo para lá e para cá por toda a cidade. A chave é ter um bom plano estratégico! Com todas as oportunidades disponíveis para você em países francófonos em torno do mundo, você terá que decidir diariamente se está com vontade de passear ou relaxar. O seu corpo pede por lazer, ou você está ansioso para encher o seu dia com muitas atividades? Os panfletos disponíveis nos aeroportos e balcões de informações turísticas sugerirão muitas coisas emocionantes e interessantes para fazer. A Tabela 9.1 fornece palavras e frases que você precisa saber sobre suas escolhas.

Eu gostaria de ir...
Je voudrais aller...
je vu-dré alê

Tabela 9.1 Lugares para Ir

Português	Francês	Pronúncia
ao parque de diversões	au parc d'attractions	*o park da-trak siohN*
ao aquário	à l'aquarium	*a la kua-riam*
ao carnaval	au carnaval	*o kar-na-val*
ao castelo	au château	*o cha-tô*
à catedral	à la cathédrale	*a la ka-te-dral*
à igreja	à l'église	*a le-gliz*
ao circo	au cirque	*o sirk*
ao mercado de pulgas	au marche aux puces	*o mar-chê o pews*
à fonte	à la fontaine	*a la fohN-ten*
ao jardim	au jardin	*o jar-daN*
ao museu	au musée	*o mew-sê*
à boate	au cabaret	*o ka-ba-rê*
à praça pública	à la place	*a la plas*
ao zoológico	au zoo	*o zo*

Vendo as Atrações

Se você decidir se virar sozinho ou fazer um tour, as frases a seguir serão úteis.

Onde está o balcão de informações?
Où est l'office du tourisme?
u é lo-fis de tu-rism

O que há para se ver?
Qu'est-ce qu'il y a à voir?
kes-ki-li-a a vuár

Onde posso comprar um mapa (um guia)?
Ou puis-je acheter une carte (un guide)?
u pewij ach-tê ewn kart

Que horas abre (fecha)?
À quelle heure ouvre (ferme)-t-il?
a kel éewr uvr (férm) til

Quanto é o ingresso?
Quel est le tarif?
kel é le tarif

Crianças podem entrar gratuitamente?
L'entrée est gratuite pour les enfants?
lahN-trê é gra-tew-it pur lahN-fahN?

Até que idade?
Jusqu'à quell âge?
jews-ka kel aje

Quanto eles pagam?
Ils paient combin?
il pé cohN-byaN

Posso tirar fotos?
On peut faire des photos?
ohN pêew fér de fo-tô

Eu preciso de um guia que fale português.
Il me faut un guide qui parle portugais.
il me fo ahN guide ki parl por-tew-gé.

Quando custa?
Combien prend-il?
kohN-byaN prahN-til

Onde ficam as visitas guiadas?
Ou y a-t-il des visites guidées?
u i a til de-vi-zit gi-dê

Para expressar o que gostaria de ver ou o que verá, você precisará do verbo irregular voir (ver), como mostra a Tabela 9.2.

Tabela 9.2 O Verbo Voir (ver)

Francês	Pronúncia	Português
je vois	*je vuá*	eu vejo
tu vois	*tew vuá*	tu vês
il, elle, on voit	*il, él, ohN vuá*	ele/ ela vê
nous voyons	*nu vua-i-ohN*	nós vemos
vous voyez	*vu vua-iê*	vós vedes
ils, elles voient	*il, él vuá*	eles/ elas veem

Posso Sugerir...

Pode ser seu sonho ver os Folies Bergère. Anúncios fascinantes, pôsteres, filmes e fotos podem ter despertado sua curiosidade. Talvez você não saiba, entretanto, como os outros em seu grupo se sentem sobre acompanhá-lo(a). Vá em frente! Faça sugestões. Há duas opções em francês que você achará muito simples.

- Você pode usar o pronome *on* + a forma conjugada do verbo que explica que é você quem quer fazer:

  On va aux Folies Bergère?
  OhN va o fo-li ber-gér
  Que tal irmos ao Folies Bergère?

- Outro jeito de propor uma atividade é usar a forma de comando que tem *nous* como seu sujeito entendido:

  Allons aux Folies Bergère!

a-lohN zo fo-li ber-jér
Vamos ao Folies Bergère!

Eis o que deve ser dito se quiser propor a um amigo o que você gostaria de fazer e perguntar sua opinião sobre a ideia:

Je voudrais aller aux Folies Bergères. Qu'en penses-tu?
je vu-dré za-lê o fo-li ber-jér kahN pahNs tew
Gostaria de ir ao Folies Bergères. O que você acha?

Exercício Extra

O tempo está maravilhoso e você está ansioso para sair e se divertir. Sugira cinco coisas que você pode fazer junto com seus amigos, e dê cada sugestão de duas maneiras diferentes.

Falando Coloquialmente

A esta altura, você deve estar se sentindo bastante confiante em relação à língua francesa, então é hora de adotar uma abordagem mais sofisticada. Existem muitas frases que você pode usar – todas são seguidas do infinitivo dos verbos (as formas informais [tu] estão entre parênteses):

Ça vous (te) dit de...	*sa vu (te) di de*	Você quer que...
Ça vous (t')intéresse de...	*sa vu zaN (taN) te-res de...*	Você está interessado em...

Ça vous (te) plairait de...	*sa vu (te) ple-ré de...*	Agradaria a você...
Vous voulez... (Tu veux...)	*vu vu-lê (tew vêew)*	Você quer...

Qualquer uma das frases listadas abaixo pode ser colocada na forma negativa ao usar *ne ... pas*:

Ça *ne* te dit *pas* de (d')... (Você não gostaria de...)	jouer au tennis? (jogar tênis?)
Ça *ne* vous intéresse *pas* de (d')... (Você não está interessado em...)	aller au musée? (ir ao museu?)

Você conhece algum adulto aborrecido por estar com sono que responde às perguntas com sim-não? A maioria de nós, geralmente diz "Sim, mas..." ou "Não, porque...". Em francês, se você quiser elaborar sua resposta, deve fazer o seguinte: mude o pronome *vous* ou *te*(*t'*) da pergunta para *me* (*m'*) em sua resposta.

Oui (Si), ça m'intéresse de (d')...	aller au musée.
Oui (Si), ça me dit de (d')...	jouer au tennis.
Non, ça ne me dit pas de (d')...	aller au musée.
Non, je ne veux pas...	jouer au tennis.

Então, o Que Você Acha?

Quando você quer expressar um sentimento positivo sobre uma sugestão feita a você, diga:

J'aime l'art moderne.	J'adore la musique.
jem lar mo-derm	*ja-dor lah mew-sik*
Eu gosto de arte moderna.	Eu amo música.

Je suis fana de football.
je sewi fa-na de fut-bol
Eu sou louco por futebol.

Se você tem a oportunidade de fazer algo ou ir a algum lugar novo, diferente, exótico, ou fora do comum, certamente terá uma opinião sobre se gostou ou não. É divertido? Está se divertindo? Está entretido? Dê sua opinião positiva dizendo *C'est* (querendo dizer 'é') + adjetivo:

C'est...	*sé*	É...
chouette!	*chu-et*	grande!
extra!	*eks-tra*	extraordinário!
formidable!	*for-mi-dabl*	formidável!
génial!	*je-nial*	genial!
magnifique!	*ma-nhi-fik*	magnífico!

merveilleux!	*mer-vei-iêew*	maravilhoso!
sensationnel!	*sahN-sa-sio-nel*	sensacional!
super!	*sew-per*	super!
Superbe!	*sew-perb*	excelente!

Talvez a sugestão apresentada a você seja desagradável. Talvez você ache a atividade chata. Para expressar seu descontentamento, poderá dizer:

Je n'aime pas l'opéra.	Eu não gosto de ópera.
Je deteste le ballet.	Eu odeio balé.
Je ne suis pas fana de golf.	Eu não sou louco por golfe.

Talvez você desejasse ser um bom esportista, então tentou praticar a atividade a todo custo. Aconteceu justamente o que você temia: não é sua especialidade. Para dar uma opinião negativa sobre uma atividade, você deve usar *C'est* + adjetivo:

C'est...	sé...	É...
affreux	ta-frêew	assustador
dégoûtant	de-gu-tahN	repugnante
désagréable	de-za-gre-abl	desagradável
embêtant	tahn-be-tahN	maçante
ennyeux	tahn-new-iêew	chato
horrible	to-ribl	horrível
la barbe	la barb	incômodo
ridicule	ri-di-cewl	ridículo

Capítulo 10

Às Compras!

Neste Capítulo

- Lojas e o que vendem
- Roupas: cores, tamanhos, materiais e modelos
- Pronome objeto
- Preferências
- Expressando sua opinião

Você sofre ao pensar sobre o que comprar para alguém especial? Você acha muito importante selecionar um presente perfeito? Você tem dúvidas infindáveis sobre cor, tamanho, material e modelo? Ou escolhe o primeiro item que chama sua atenção? Você está sempre procurando por uma promoção? A comparação entre preços é muito importante para você? Ir às compras em um país de língua francesa não é uma tarefa entediante. Com um bom plano de ação, pode ser uma experiência prazerosa e agradável, mesmo para os mais exigentes.

Você pode apenas olhar sem compromisso em uma pequena loja, ou ter muitas opções em um grande e elegante shopping (un centre commercial/ *ahN sahNtr ko-mer-sial*), como o Le Fórum des Halles, em Paris, ou o escondido Place Bonaventure, em Montreal.

A Tabela 10.1 leva você às lojas que podem lhe interessar, e fala sobre a mercadoria que você pode comprar nelas.

Tabela 10.1 Lojas (Les Magasins)

Loja	Francês	Pronúncia
livraria	la librairie	*la li-bre-ri*
loja de departamentos	Le grand magasin	*le grahN ma-ga-zaN*
floricultura	Le magasin de fleuriste	*le ma-ga-zaN de flêew-rist*
joalheria	la bijouterie	*la bi-jut-ri*
artigos de couro	La maroquinerie	*la ma-ro-kin-ri*
loja de discos	Le magasin multimédia	*le ma-ga-zan mul-ti-me-di-a*
banca de jornal	Le kiosk à journaux	*le ki-osk a jur-nô*
perfumaria	La parfumerie	*la par few-me-ri*
loja de souvenir	le magasin de souvenirs	*le ma-gazaN de su-ve-nir*
tabacaria	Le bureau de tabac	*le bew-ro de ta-ba*

Lembre-se de guardar seus recibos ao fazer compras em qualquer país estrangeiro. É cobrado de visitantes estrangeiros um imposto sobre valor agregado (TVA – *taxe à la valeur ajoutée*) em certas compras. (Esse imposto é geralmente 13% para uma compra mínima de dois mil Euros). Alguns países devolvem esse valor (que pode ser considerável) com a apresentação de comprovante de venda. Procure lugares específicos no aeroporto ou em grandes lojas de departamentos para ver se você tem direito a este reembolso. Não se esqueça de que também terá que pagar taxas em seu país por suas compras.

Perguntas Gerais

Aqui estão algumas perguntas gerais que devem ajudar durante a sua maratona de compras:

Poderia me ajudar, por favor?
Pourriez-vous m'aider, s'il vous plaît?
pu-riê-vu me-dê sil vu plé

Poderia me mostrar...?
Veuillez me montrer...?
veew-iê me mohN-trê

Há liquidações?
Y a-t-il des soldes?
i a til de sold

Há descontos?
Y a-t-il des rabais?
i a til de ra-bé

Onde posso encontrar?
Où puis-je trouver...?
u peewj tru-vê

Vocês vendem...?
Vendez-vous...?
vahN-dê vu

Onde está (estão)...?
Où est-ce qu'il y a...?
u es kilia

Vocês têm alguma coisa...? ...mais
Avez-vous quelque chose...? ...d'autre
a vê vu kelk choze...dôtr

Maior

De plus grand
de plew grahN

Menor
De plus petit
de plew peti

Mais longo
De plus long
de plew lohN

Mais curto
De plus court
de plew kur

Mais barato
De moins cher
de moaN chér

Mais caro
De plus Cher
de plew chér

De melhor qualidade
De meilleure qualité
de mei-iéew ka-li-tê

Roupas

Você simplesmente não pode ir à França, a capital mundial da moda, sem trazer pelo menos um artigo de roupa de uma marca francesa famosa. É realmente *de rigueur (de rigéewr)* estar *dans le vent* (*dahN la vahN*/ na moda). A Tabela 10.2 ajudará na busca por algo *au courant* (*o ku-rahN*/ estiloso).

Tabela 10.2 Roupas (Les Vêtements)

Item do vestuário	Francês	Pronúncia
maiô	le maillot de bain	*le mai iô dbaN*
cinto	la ceinture	*la saN-tewr*
blusa	le chemisier, la blouse	*le che-mi-ziê, la bluz*
botas	les bottes *f.*	*le bot*
sutiã	le soutien-gorge	*le su-tyaN gorj*
jaqueta (esporte)	la veste	*la vest*
vestido	la robe	*la rob*
luvas	le gants *m.*	*le gahN*
chapéu	le chapeau	*le cha-pô*
jeans	le jean	*le jen*
roupa de ginástica	le jogging	*le jo-ging*
roupão	le peignoir	*le pe nhuár*
sobretudo	le manteau	*le mahN-tô*
pijama	le pyjama	*le pi-ja-ma*
calcinha	la culotte	*la cu-lot*
calça	le pantalon	*le pahN-ta-lohN*
meia-calça	le collant	*le ko-lahN*
bolsa de mão	le sac (à main)	*le sak (a maN)*
capa de chuva	l'imperméable m.	*laN-per-me-abl*
roupão de banho	la robe de chambre	*la rob de chahNbr*
sandálias	les sandales *f.*	*le sahN-dal*
cachecol	l'écharp *f.*, le foulard	*le-charp, le fu-lar*
camisa	la chemise	*le che-mis*
sapatos	les chaussures *f.*	*le cho-sewr*
saia	La jupe	*la jewp*

Continua...

Tabela 10.2 Roupas (Les Vêtements) (continuação)

Item do vestuário	Francês	Pronúncia
saiote (curto), anágua (comprido)	Le jupon, la combinaison	*le jew-pohN, la kohN-bi-ne-zohN*
tênis	les tennis	*le te-nis*
meias	les chaussettes f.	*le cho-set*
terno (para homens)	le complet, le costume	*le kohN-plé le kos tewm*
terno (para mulheres)	le tailleur	*le tai-iéewr*
gravata	la cravate	*le kra-vat*
guarda-chuva	le parapluie	*le paraplew*
colete	le gilet	*le ji-lê*

Com certeza você vai querer comprar roupas que sirvam perfeitamente. Os tamanhos europeus e brasileiros são muito similares. Um vestido feminino no Brasil tamanho 38, na França também é 38, e uma medida masculina tamanho 44 no Brasil, também é 44 na França. Comece dando as seguintes informações ao vendedor sobre o seu tamanho correto:

Eu uso...	Je porte du...	*je port dew*
Pequeno	petit	*pti*
Médio	moyen	muáyaN
Grande	grand	*grahN*

Para sapatos, você pode dizer :

Eu calço o número...
Je chausse du.. + tamanho
je chos dew

Cores

Você vê o mundo em cores primárias? Ou prefere as cores mais exóticas, mais artísticas? A Tabela 10.3 ajudará você a aprender as cores básicas, para que possa escolher.

Tabela 10.3 Cores (Les Couleurs)

Cores	Francês	Cores	Francês
preto	noir(e) *(nuár)*	azul	bleu(e) *(blêew)*
marrom	brun(e) *(bruhN brewh)*	cinza	gris(e) *(gri [z])*
verde	vert(e) *(ver[t])*	laranja	orange *(o-rahNj)*
rosa	rose *(roz)*	roxo	mauve *(mov)*
vermelho	rouge *(ruj)*	branco	blanc(he) *(blahN[ch])*
amarelo	jaune *(jon)*		

Atenção!

Para descrever cores mais *claras*, adicione a palavra *clair*.
Para descrever cores mais *escuras*, adicione a palavra *foncé*.

Azul claro	*bleu clair*
Verde escuro	*vert foncé*

Como as cores são adjetivos, elas devem concordar com o substantivo que modificam:

Un jupon blanc	uma anágua branca
Des jupons blancs	anáguas brancas
Une robe blanche	um vestido branco
Des robes blanches	vestidos brancos

Materiais

Você gostaria de comprar um ferro de viagem? Ou pendurou suas roupas amassadas em um banheiro úmido esperando pelo melhor? Você pode apenas usar roupas que não amassam ou prefere materiais mais nobres que apresentem um visual mais sofisticado? Se deseja comprar roupas durante as férias, a Tabela 10.4 ajudará a selecionar o material que você prefere para seus desejos e necessidades. Use a palavra *en (ahN)* para expressar "de".

Tabela 10.4 Materiais (Les Tissus)

Material	Francês	Pronúncia
cashmere	en cachemire	*ahN kash-mir*
algodão	en coton	*ahN ko-tohN*
jeans	en jean	*ahN jen*
flanela	en flanelle	*ahN fla-nel*
renda	en dentelle	*ahN dahN-tel*
couro	en cuir	*ahN kw-ir*
linho	en lin	*ahN laN*
seda	en soie	*ahN suá*
camurça	en daim	*ahN daN*
lã	en laine	*ahN lehn*

Modelos e Desenhos

Suponha que você queira uma blusa chique que viu na última edição de uma revista de moda, ou queira uma calça de golfe porque deseja realmente se destacar. Ou talvez você não esteja comprando, mas gostaria de cumprimentar alguém pelo bom gosto da gravata listrada. A Tabela 10.5 fornece algumas palavras necessárias para descrever padrões.

Tabela 10.5 Desenhos (Le Dessins)

Desenho	Francês	Pronúncia
cor sólida	uni(e)	*ew-ni*
com listras	à rayures	*a rei iewr*
com bolinhas	à pois	*a puá*
em xadrez	en tartan	*ahN tar-tahN*
padrão ziguezague	à chevrons	*a che-vrohN*
quadriculado	à carreaux	*a ka-rô*

Pronome Objeto

Os pronomes objeto substituem os objetos direto e indireto para evitar a constante repetição de uma palavra.

O objeto direto (que pode ser substantivo ou pronome) responde à pergunta *quem* ou *o que* quanto à ação do sujeito e pode se referir a pessoas, lugares, coisas ou ideias.

O objeto indireto responde à pergunta *a quem* do sujeito que está fazendo alguma coisa ou *para quem* a ação do sujeito se direciona.

O objeto indireto refere-se apenas a pessoas.
Os objetos direto e indireto podem ser substituídos pelos pronomes da Tabela 10.6.

Tabela 10.6 Pronomes Objeto Direto e Indireto

Pronome Objeto Direto			Pronome Objeto Indireto		
me (m')	*me*	meu	me (m')	*me*	(para) mim
te (t')	*te*	teu (familiar)	te (t')	*te*	(para) você (familiar)

Continua...

Tabela 10.6 Pronomes Objeto Direto e Indireto (continuação)

Pronome Objeto Direto			Pronome Objeto Indireto		
le (l')	*le*	ele	lui	*lewi*	(para) ele
la (l')	*la*	ela	lui	*lewi*	(para) ela
nous	*nu*	nós	nous	*nu*	(para) nós
vous	*vu*	vos (educado)	vous	*vu*	(para) vos
les	*le*	eles, elas	leur	*léewr*	(para) eles, elas

Lembre-se sempre de que a pronúncia de *le* se difere da da pronúncia de *les*. O singular é aquele som que não tem equivalente no português, enquanto que o plural, você deverá pronunciar o *e* de elefante. Essa regra se aplica tanto para os pronomes quanto para os artigos.

A preposição francesa à *(au, à la, à l ', ou aux)*, seguida do nome ou referente a uma pessoa indica a necessidade do uso de um objeto indireto. Alguns verbos como *répondre* (à), *téléphoner* (à), e *ressembler* (à) são sempre seguidos de à + pessoa e, portanto, sempre pedem um pronome objeto indireto.

Atenção!

Tenha cuidado ao usar um pronome objeto direto ou indireto em francês.

Je lui demande le prix.
je lewi dmahNd le pri
Eu perguntei o preço a ele/ela.

Je lui ai acheté une cravate.
je lewi e ach-tê ewn kravat
Eu comprei uma gravata para ele.

O pronome objeto é colocado antes do verbo ao qual seu significado está ligado (normalmente o verbo conjugado).

Il la prend.	Tu ne vas pas lui parler.
il la prahN	*tew ne va pa lewi par-lê*
Ele leva isso.	Você não vai falar com ele/ela.

Pedir o Que Deseja

Todos já tivemos uma experiência com um vendedor que nos persegue, qurendo fazer uma boa venda. Eles não entendem que às vezes nós só queremos olhar? Em outras ocasiões, porém, temos desejos e necessidades específicas e precisamos de ajuda. Aqui estão algumas frases para ajudá-lo a lidar com situações de compras mais comuns.

A seguir, algumas perguntas que o vendedor da loja poderá fazer a você:

Puis-je vous aider?	Vous désirez?
pewij vu ze-dê	*vu de zi-rê*
Posso ajudar?	O que deseja?

Você está apenas olhando? Então pode responder:

Não, obrigado, eu estou (apenas) olhando.
Non, merci, je regarde (tout simplement).
nohN mer-si-je re-gard (tu saN-ple-mahN)

Se você quer ver ou comprar alguma coisa, pode responder:

Sim, eu gostaria de ver ... por favor.
Oui, je voudrais voir ... s'il vous plaît..
je vu-dré vuár... sil vu plé

Eu estou procurando ...
Je cherche ...
je cherch

E, claro, se você for um cliente como eu, vai querer saber:

Há alguma promoção?
Y a-t-il des soldes?
i a til de sold

Você baixou os seus preços?
Avez-vous cassé les prix?
avê vu kasê le pri

Atenção!

Para expressar "qual?" utilize um adjetivo interrogativo (que deve concordar com o substantivo a que se refere):

	Masculino	Feminino
Singular	lequel *(lequel)*	laquele *(laquel)*
Plural	lesquels *(lequel)*	lesquelle *(lequel)*

Qual dessas saias você prefere?
Laquelles de ces jupes préférez-vous?

Preferências

Quando o vendedor quiser ajudá-lo a fazer uma escolha, você poderá ouvir:

Qual camisa você prefere?
Quelle chemise est-ce que vous préférez?
kel che-mi-se es ke vu pre-fe-rê

Expressando-se

Para expressar sua satisfação com algum item, diga umas das frases seguintes:

Eu gosto.	Ça me plaît.	*sa me plé*
Isso serve em mim.	Ça me va.	*sa me va*
Isso é bonito.	C'est agréable.	*sé ta gre abl*

Se você não estiver satisfeito, pode falar o seguinte:

Eu não gostei.	Ça ne me plaît pas.	*sa ne me plé pa*
Isso está muito pequeno.	C'est trop petit(e).	*sé tro pe-ti(t)*
Isso está muito apertado.	C'est trop serré(e).	*sé tro serê*
Isto está muito curto.	C'est trop court(e).	*sé trô kur(t)*
Isto está muito comprido.	C'est trop long(ue).	*sé tro lohN(g)*

Se você não está satisfeito e quer mais alguma coisa, você pode dizer:

Estou procurando por algo mais (menos)...
Je cherche quelque chose de plus (moins) + adjetivo
je cherch kelk choze de plew (moaN)

Adjetivos Demonstrativos

Use um adjetivo demonstrativo para expressar este, esta, aquele, aquela antes de...

Substantivos masculinos singulares iniciados em consoantes	**Substantivos masculinos singulares iniciados em vogais**	**Todos substantivos femininos**	**Todos substantivos no plural**
ce *(se)*	cet *(sét)*	cette *(sét)*	ces *(se)*
ce pantalon	cet imperméable	cette écharpe	ces imperméables
		cette jupe	ces jupes

Os adjetivos demonstrativos precedem os substantivos que modificam e concordam em número e gênero. A forma especial masculina *cet* é usada para evitar a junção de duas vogais sonoras juntas.

Eu gostaria de ver estes (aqueles) sapatos.
Je voudrais voir ces chaussures.
je vu-dré vuár se cho sewr

Por favor, mostre-me este (aquele) cachecol.
Montrez-moi cette écharpe, s'il vous plaît.
mohN-trê mua sé té charp sil vu plé

Capítulo 11

Comida, Bendita Comida!

Neste Capítulo

- Comprando comida
- Como expressar quantidade
- Como fazer pedido em um restaurante
- Como pedir o prato que você deseja
- Comida para dietas especiais
- O partitivo e o pronome *en*

Se você quiser fazer reservas em um restaurante fino de quatro estrelas, ou simplesmente parar em uma *charcuterie* local (*char-kew-t-ri*/lanchonete) para beliscar algo, precisará saber como pedir os alimentos que deseja e como recusar os que não gosta. Você também desejará pedir a quantidade adequada. Neste capítulo, você satisfará todos seus desejos gastronômicos.

Lojas Especializadas

A primeira coisa que faço quando chego a um país estrangeiro é explorar a loja de alimentos mais próxima, caso aconteça um caso grave de gula noturna. Em qualquer país de língua francesa, você pode desfrutar as delícias culinárias que podem ser compradas nas lojas listadas na Tabela 11.1. A maioria dos nomes de lojas termina em -erie.

Retire esta terminação e adicione *-ier (ière)* para obter o nome masculino (feminino) da pessoa que trabalha na loja.

Tabela 11.1 Loja de Alimentos

Português	Francês	Pronúncia
padaria	une boulangerie	*ewn bu-lahNj-ri*
açougue	une boucherie	*ewn bu ch-ri*
doceria	une confiserie	*ewn kohN fiz-ri*
laticínios	une crémerie	*ewn krem-ri*
casa de frios	une charcuterie	*ewn char kew-t-ri*
peixaria	une poissonnerie	*ewn puá-so-n-ri*
frutaria	une fruiterie	*ewn frewt-ri*
loja de bebidas	une épicerie	*ewn ê-pis-ri*
loja de vinhos	un magasin de vins	*ahN ma-ga-zaN de vaN*
confeitaria	une pâtisserie	*ewn pa-tis-ri*
supermercado	un supermarché	*ahN sew-per-mar-chê*

Atenção!

O uso da preposição *chez* (para, [na, no] casa (negócio) de + pessoa) é muito comum para expressar aonde você vai:

Je vais chez l'épicier (épicière).
Je vais chez le (la) boulanger (boulangère).

Comida e Mais Comida

Conhecer os nomes dos alimentos franceses de que você gosta e aqueles de que você não gosta, ajudará muito se você estiver em uma loja ou em um restaurante. Use as tabelas de 11.2 até a 11.9 para escolher e decidir.

Tabela 11.2 No Supermercado

Legumes	Les Aliments	*le a-li-mahN*
aspargos	les asperges (*f.*)	*le zasperj*
feijão (verde)	les haricots (*m.*) (verts)	*la za ri-ko (ver)*
brócolis	le brocoli	*le bro-ko-li*
cenoura	le carotte	*la ka-rot*
aipo	le céleri	*le se-le-ri*
couve-flor	le chou-fleur	*le chu-fleewr*
pepino	le concombre	*le kohN-kohNbr*
milho	le maïs	*le ma-is*
berinjela	l'aubergine	*lo-ber-jin*
alface	la laitue	*la le-tew*
cogumelo	le champignon	*le shahN-pi-nyohN*
cebola	l'oignon	*luá nhohN*
ervilha	les petits pois (*m.*)	*le petit puá*
pimenta	le piment, le poivre	*le pi-mahN* *le puá-vr*
batata	la pomme de terre	*la pom de tér*
arroz	le riz	*le ri*
espinafre	les épinards (*m.*)	*le ze-pi-nar*
tomate	la tomate	*la to-mat*

Tabela 11.3 Na Frutaria

Frutas	Les Fruits	*le frwi*
maçã	la pomme	*la pom*
damasco	l'abricot (m.)	*la-bri-kô*
banana	la banane	*la ba-nan*
mirtilo	la myrtille	*la mir-til*
cereja	la cerise	*la seriz*
coco	la noix de coco	*la nuá de kokô*
uva	le raisin	*le re-zan*
toranja	le pamplemousse	*le pahNple-mus*
limão	le citron	*le si-trohN*
lima	le citron vert	*le si-trohN ver*
laranja	l'orange (f.)	*lo rahNj*
pêssego	la pêche	*la pésh*
pera	la poire	*la puér*
abacaxi	l'ananas (m.)	*la na-ná*
ameixa	la prune	*la prewn*
ameixa seca	le pruneau	*la prew-no*
uva passa	le raisin sec	*le re-saN sek*
framboesa	la framboise	*la frahN-buáz*
morango	la fraise	*la fréz*
tangerina	la mandarine	*la mahN-da-rin*
melancia	la pastèque	*la pas-tek*

Tabela 11.4 No Açougue ou na Lanchonete

Carnes	Les Viandes	*le vyahNde*
bife	le boeuf	*le boef*
carne picada	la viande hachée	*la vi-ahNd achê*
presunto	le jambon	*le jahN-bohN*
cordeiro	l'agneau (m.)	*la-nhô*
fígado	le foie	*le fuá*

Continua...

Carnes	**Les Viandes**	***le vyahNde***
porco	le porc	*le por*
rosbife	le rosbif	*le ros-bif*
salsicha	les saucisses (f.)	*le so-sis*
costelinhas	les basses côtes (f.)	*le bas kot*
ensopado	le ragoût	*le ra-gu*
língua	la langue	*la lahNg*
bovino	le veau	*le vo*
Aves /Caça	**La Volaille/ Le Gibier**	***lah voh-lahy/ luh zhi-bye***
frango	le poulet	*le pu-lê*
pato	le canard	*le ka-nar*
ganso	l'oie (f.)	*luá*
coelho	le lapin	*le la paN*
peru	la dinde	*le daNd*
veado	la venaison	*la ve-ne-zohN*

Tabela 11.5 Na Peixaria

Peixes/ Frutos do Mar	**Le Poisson/ Les Fruits de la Mer**	***luh pwah-sohN le frwid mehr***
robalo	la perche	*le perch*
molusco	la palourde	*la pa-lurd*
bacalhau	le cabillaud	*le ka-bi-iô*
caranguejo	le crabe	*le krab*
solha	le carrelet	*le karelê*
coxas de rã	les cuisses de grenouille(f.)	*le kuis de grenui-ie*
garoupa	le mérou	*le me-ru*
halibute	le flétan	*le fle-tahN*
arenque	le hareng	*le a-rahN*

Continua...

Tabela 11.5 Na Peixaria (continuação)

Peixes/ Frutos do mar	**Le Poisson/ Les Fruits de la Mer**	***luh pwah-sohN le frwid mehr***
lagosta	le homard	*le o-mar*
cavala	le maquereau	*le mak-ro*
tamboril	la lotte	*la tot*
mexilhão	la moule	*la mul*
ostra	l'huître	*lui tr*
peixe vermelho	la perche rouge	*la perch ruj*
salmão	le saumon	*le so-mohN*
sardinha	la sardine	*la sar din*
vieira	les coquilles	*le co-ki-i*
robalo	le bar	*le bar*
camarão	la crevette	*la kre-vet*
escargot	l'escargot (m.)	*les-kar-gô*
linguado	la sole	*la sol*
lula	le calmar	*le kal-mar*
peixe-espada	l'espadon	*les-pa-dohN*
truta	la truite	*la trewit*
atum	le thon	*le tohN*

Tabela 11.6 Laticínios

Laticínios	**Produits Laitiers**	***proh-dwi leh-tyeh***
manteiga	le beurre	*le beewr*
queijo	le fromage	*le fro-maj*
creme	la crème	*la krém*
ovos	des oeufs (*m.*)	*de ze*
iogurte	le yaourt	*le i-a-urt*

Tabela 11.7 Na Padaria e Confeitaria

Pães/Sobremesas	Pains/Desserts	*paN/duh-sehr*
pastel de maçã	le chausson aux pommes	*le cho sohN o pom*
pão	le pain	*le paN*
bolo	le gâteau	*le ga-tô*
biscoito	le biscuit	*le bis-kewi*
carolinas ao creme	les choux à la crème (*m.*)	*le chu a la crem*
croissant	le croissant	*le kruá-sahN*
biscoito dinamarquês	la danoise	*la da-nuás*
bolinho	le beignet	*le be-nhê*
pão francês	la baguette	*la ba-guet*
torta	la tarte	*la tart*
bisnaga	le petit pain	*le peti paN*

Tabela 11.8 Na Doceria

Doces	Les Sucreries	*le sew-kreh-ri*
doces	les bonbons (*m.*)	*le bohN-bohN*
chocolate	le chocolat	*le cho-co-la*

Tabela 11.9 No Balcão de Bar

Bebidas	Les Boissons	le bwah-sohN
cerveja	la bière	*la biér*
champagne	le champagne	*le chan-panh*
café	le café	*le ka-fê*
suco	le jus	*le jew*
limonada	le citron pressé	le si-trohN pre-sê
leite	le lait	*le lé*

Tabela 11.9 No Balcão de Bar (continuação)

Bebidas	Les Boissons	le bwah-sohN
água mineral	l'eau minérale (f.)	*lô mi-ne-ral*
com gás	gazeuse	*ga-zez*
sem gás	plate	*plat*
chá	le thé	*le tê*
vinho	le vin	*le vaN*

Uso Correto de Quantidade

Na França, utiliza-se o sistema métrico para medir a quantidade de alimentos. Os sólidos são medidos em quilogramas ou em frações, e líquidos, em litros. A maioria de nós utiliza gramas, quilo, milímetros e litros como padrão de medidas.

Às vezes, pedir apenas por uma caixa, saco, ou frasco, e assim por diante, fica mais fácil. Sugiro que você memorize a quantidade a que está acostumado: um quilo, um quarto etc.

Tabela 11.10 Obtendo os Valores Corretamente

Português	Francês	Pronúncia
um saco de	un sac de	*ahN sak de*
uma barra de	une tablette de	*ewn ta blet de*
uma garrafa de	une bouteille de	*ewn bu-tei-ie de*
uma caixa de	une boîte de	*ewn buát de*
uma lata de	une boîte de	*ewn buát de*
uma dúzia de	une douzaine de	*ewn du-zen de*
250 gramas de	deux cent cinquante grammes de	*de sahN saN kahNt gram de*
um pote de	un bocal de	*ahN bo-kal de*
um pacote de	un paquet de	*ahN pa-kê de*
um pedaço de	un morceau de	*ahN mor-so de*
meio quilo de	un demi-kilo de	*ahN de-mi ki-lô de*
um quilo	un kilo de	*ahN ki-lô de*
um quarto de	un litre de	*ahN litr de*
uma fatia de	une tranche de	*ewn trahNch de*

Todas as expressões de quantidade incluem a palavra *de* (de). Antes de uma vogal, *de* passa a ser *d'*. Nos demais casos, o *de* nunca muda:

beaucoup de bonbons	muitos doces
une douzaine d'oeufs	uma dúzia de ovos

Você quer muito provar o marquise de chocolate que seu primo francês preparou. Você sabe que o conteúdo calórico é alto, mas o sabor é achocolatado e sua textura é cremosa. Seu primo quer lhe dar mais do que "apenas um pedacinho." Aqui estão algumas palavras que irão ajudá-lo a controlar a quantidade que você receberá.

um pouco	un peu de	*ahN pêew de*
muito	beaucoup de	*bo-ku de*
suficiente	assez de	*a-sê de*
muito mais	trop de	*tro de*

Fazendo Compras

Esteja preparado para perguntas que terá que responder quando estiver comprando, e saiba a maneira correta de dar uma resposta apropriada:

O que deseja?
Vous désirez?
vu de-zi-rê

Posso ajudar?
Est-ce que je peux vous aider?
esk je peew vu ze dê

Sua resposta deve iniciar com:
Eu gostaria...
Je voudrais . . .
je vu-drê

Você poderia me dar...? Por favor
Pourriez-vous me donner . . . ? s'il vous plaît
pu-riê vu me do nêr...? sil vu plé

Hora da Refeição

Se você vai comer em um restaurante, poderá ser necessário reservar uma mesa. Ao ligar, certifique-se de incluir todas as informações importantes, como segue:

Eu gostaria de reservar uma mesa...
Je voudrais réserver une table . . .
je vu-dré re-ser-vê ewn tabl

No terraço, por favor.
sur la terrasse, s'il vous plaît.
sewr la te-ras sil vu plé

Para esta noite.
pour ce soir
pur se suár

Para amanhã à noite.
pour demain soir
pur de maN suár

Para sábado à noite.
pour samedi soir
pur sam-di suár

Para duas pessoas.
pour deux personnes
pur deew per-son

Às 20h30min.
à huit heures et demie.
ewit éewr e de-mi

Há uma grande variedade de restaurantes para matar sua fome, e várias opções para seu bolso também, se você está saindo para tomar o café da manhã (*le petit déjeuner, le peti de-jeew-nê*), almoço (*le déjeuner, le de-jew-nê*), jantar (*le dîner, le di-nê*), ou um lanche da tarde (*le goûter, le gu-tê*). Se não quiser ir a um restaurante tradicional, por que não tentar:

Une auberge *ewn o-berj* uma pousada

un bistro	*ahN bis-trô*	um pequeno bar informal de vila
une brasserie	*ewn bra-se-ri*	um grande café que serve refeições rápidas
une cabaret	*ewn ka-ba-re*	uma boate
un café	*ahN ka-fê*	um pequeno restaurante de bairro onde os moradores conhecem a todos
un cafétéria	*ahN ka-fe-te-ri-á*	um restaurante self-service
une casse-croûte	*ewn kas-krut*	um restaurante que serve sanduíches
une crêperie	*ewn krep-ri*	um lugar ou um restaurante que serve crepe
un fast-food	*ahN fast-fud*	um restaurante de uma rede de fast-food
un self	*ahN self*	um restaurante self-service

Você está sentado e pronto para comer. Mas espere! Está faltando algo no seu prato. A Tabela 11.11 fornece o vocabulário necessário para pedir ao garçom talheres, e outros termos necessários.

Tabela 11.11 Ambiente da Mesa

Serviço de Mesa	Le couvert	*luh ku-vehr*
tigela	le bol	*le bol*
taça	la tasse	*la tass*
prato	l'assiette (*f.*)	*la-si-et*
garfo	la fourchette	*la fur-chet*
copo	le verre	*le ver*
faca	le couteau	*le ku-tô*
menu	le menu, la carte	*le me-new, la kart*
guardanapo	la serviette	*la ser-viet*
pimenta	la poivrière	*la puá-vriér*
utensílios	le couvert	*le ku-ver*
saleiro	la salière	*la sa-li-ér*
pires	la soucoupe	*la su-kup*
prato de sopa	l'assiette à soupe(*f.*)	*la-si-et a sup*
colher de sopa	la cuiller à soupe	*la kui-ér a sup*
toalha de mesa	la nappe	*la nap*
colher de chá	la cuiller	*la kui-iér*
copo de vinho	le verre à vin	*le ver a vaN*

O Que Você Recomenda?

Utilize as seguintes expressões e frases para pedir sua bebida e sua comida:

Qual é o prato de hoje?
Quelle est la spécialité du jour?
kel é la spe-si-a-li-tê dew jur

Qual é a especialidade da casa?
Quelle est la spécialité de la maison?
kel é la spe-si-a-li-tê de la me-sohN

O que você recomenda?
Qu'est-ce que vous recommandez?
kesk vu re-ko-mahN-dê

Eu gostaria ...
Je voudrais ...
je vu-dré

Eu tenho ...
Je prendrai ...
je prahN-dré

Por favor, traga-me ...
Apportez-moi, s'il vous plaît ...
a-por-tê muá sil vu plé

Preciso de Uma Explicação

Você está confuso ou preocupado com os termos culinários no cardápio em francês? A Tabela 11.12 fornece os termos que você precisa saber.

Tabela 11.12 O Que É Isso no Cardápio?

Francês	Pronúncia	Descrição
aïloli	*a-io-li*	maionese temperada com alho
à la bonne femme	*a la bon fam*	vegetais ao molho branco
béarnaise	*ber-néz*	ovos na manteiga com vinho, cebolinha e ervas aromáticas
bercy	*ber-si*	carne ou peixe com molho

Continua...

Francês	**Pronúncia**	**Descrição**
blanquette	*blahN-ket*	ovos cremosos com molho de vinho branco, normalmente servido refogado
crécy	*kre-si*	cenouras
daube	*dob*	um refogado, geralmente bife, com vinho tinto, cebolas, e alho
farcie	*far-si*	um recheado
florentine	*flo-rahN-tin*	espinafre
forestière	*fo-res-tiér*	cogumelos selvagens
follandaise	*o-lahN-dez*	gema de ovo, molho de manteiga com suco de limão ou vinagre
jardinière	*ja-di-ni-ér*	vegetais
maître d'hôtel	*metr do-tel*	molho de manteiga com salsa e suco de limão
mornay	*mor-nê*	molho branco com queijo
parmentier	*par-mahN-tiê*	batatas
périgourdine	*pe-ri-gur-din*	cogumelos trufas
provençale	*pro-vahN-sal*	vegetais enfeitados
rémoulade	*re-mu-lad*	maionese com sabor de mostarda
véronique	*ve-ro-nik*	uvas
vol-au-vent	*vol-o-vahN*	massa folhada com creme de carne

A Tabela 11.13 o ajudará desde o petisco até o prato principal. Se você tiver algum problema com os nomes dos vários tipos de carnes ou peixes, consulte as Tabelas 11.4 e 11.5.

Tabela 11.13 Qual Prato?

Francês	Pronúncia	Descrição
les hors-d'oeuvres	***le zor dewvr***	**petiscos**
le tournedos	*le tur-ne do*	pequenos filés de bife
crudités variées	*krew-di-tê va-riê*	legumes crus fatiados, geralmente em um molho vinagrete
escargots à la bourguignonne	*es kar-go a la bur-gi-nhon*	escargot ao molho de alho
foie gras	*fuá gra*	fígado de ganso fresco, às vezes cru, servido com torrada de pão francês
pâté	*pa-tê*	purê de fígado ou outras carnes, servido com pão
quiche lorraine	*kich lo-ren*	torta de creme de ovos servida com carne bacon ou presunto
quenelles	*ke-nel*	bolinho de massa cozido
rillettes	*ri-iet*	mistura de carne de porco servido como patê
les soupes	***le sup***	**Sopas**
la bisque	*la bisk*	sopa cremosa de lagosta
la bouillabaisse	*la bui-ia-bes*	ensopado de frutos do mar
le consommé	*le kohN so-mê*	caldo
la petite marmite	*la petit mar-mit*	caldo servido com vegetais e carne
le potage	*le po-taj*	sopa densa de legumes triturados
la soupe à l'oignon	*la sup a luá-nhohN*	sopa de cebola servida com pão e queijo
le velouté	*la ve-lu-tê*	sopa cremosa

Continua...

Francês	Pronúncia	Descrição
les viandes	***le viahNd***	**carnes**
le bifteck	*le bif-tek*	bife
le carré d'agneau	*le ka-rê da-nhô*	costelas de cordeiro
le chateaubriand	*le cha-to-bri-ahN*	rosbife
la côte de boeuf	*la kot beewf*	costela de boi
les côtes de porc *f.*	*le kot de por*	costelas de porco
les côtes de veau *f.*	*le kot de vo*	costelas de veado
l'entrecôte *f.*	*lahN-tr kot*	contra-filé
l'escalope *f.*	*les-ka lop*	escalope, costela
le foie	*le fuá*	fígado
le gigot d'agneau	*le ji-go da nhô*	pernil de cordeiro
les médaillons de ...	*les me-dai-iohN de*	pequenos pedaços de...
la poitrine de ...	*la puá-trin*	peito de...
le pot-au-feu	*le poto-feew*	carne cozida
le rosbif	*le ros-bif*	rosbife
les saucisses *f.*	*les so-sis*	salsichas

Preparação Adequada

Você quer ter certeza de que sua comida será preparada da forma que gosta. O garçom pode perguntar o seguinte:

> Como você deseja isso?
> Vous le (la, les) voulez comment?
> *vu la vu-lê ko-mahN*

Se você quer realmente ter o seu prato preparado exatamente como deseja, entenda que os chefs franceses possuem diferentes interpretações dos termos malpassado, ao ponto e bem passado. Malpassado significa quase vivo, ao ponto é um pouco mais do que o nosso malpassado, e bem passado é um pouco mais do que o nosso ao ponto. O que para nós é o bem passado, para o chef é queimado. O chef pode preparar o bem passado, mas não espere um sorriso quando ele o servir. A Tabela 11.14 irá ajudá-lo a expressar seus desejos e necessidades.

Tabela 11.14 Como Você Gostaria Que o Seu Prato Fosse Preparado?

Português	Francês	Pronúncia
	Carnes e Vegetais	
cozido	*cuit (e)(s) au four*	*kewi (t) o fur*
grelhado	rôti (e)(s)	*ro-ti*
fervido	bouilli (e)(s)	*bu-i*
dourado	gratiné (e)(s)	*gra-ti-nê*
empanado	au gratin	*o gra-tan*
picado	hâché (e)(s)	*a-chê*
frito	frit (e)(s)	*fri*
refogado	sauté (e)(s)	*so-tê*
grelhado	grillé	*gri-iê*
cozido no vapor	à la vapeur	*a la va-peewr*
em seus sucos	au jus	*o jew*
cozido	en cocotte	*ahN ko-kot*
escaldado	poché (e)(s)	*po-chê*
purê	en purée	*ahN pew-rê*
assado	rôti (e)(s)	*ro-ti*
bem malpassado	bleu (e)(s)	*blêew*
malpassado	saignant (e)(s)	*sahN-nhahN*
ao ponto	à point	*a poaN*
bem passado	bien cuit (e)(s)	*byaN kewi (t)*
com molho	en sauce	*ahN sos*

Continua...

Português	**Francês**	**Pronúncia**
	Ovos	
frito	au plat	*o pla*
bem cozido	durs	*dewr*
cozido	mollets	*mo-le*
pochês	pochés	*po-chê*
mexidos	brouillés	*bru-iê*
pouco cozido	à la coque	*a la kok*
omelete	une omelette	*o-me-let*
omelete simples	une omelette nature	*ewn o-me-let na-tewr*

Eu Gosto Apimentado

Para dar sabor aos alimentos franceses são utilizadas muitas ervas, especiarias, temperos e condimentos. Confie nas descrições do cardápio e no garçom para decidir se o prato está ao seu gosto, sem sal ou apimentado. A Tabela 11.15 ajudará com os temperos que você encontrará.

Tabela 11.15 Ervas, Especiarias e Temperos

Ervas, Especiarias e Temperos	**Les Herbes, Les Épices et Les Condiments**	**le zahrb, le zê-pis e le kohn-di-mahn**
manjericão	le basilic	*le ba-si-lik*
folha de louro	la feuille de laurier	*la feewi-ie de / lo-riê*
manteiga	le beurre	*le bêewr*
cebolinha	la ciboulette	*la si-bu-let*
endro	l'aneth (*m.*)	*la net*

Continua...

Tabela 11.15 Ervas, Especiarias e Temperos (continuação)

Ervas, Especiarias e Temperos	**Les Herbes, Les Épices et Les Condiments**	**le zahrb, le ze-pis e le kohn-di-mahn**
alho	l'ail (*m.*)	*lai*
gengibre	le gingembre	*le jaN-jibr*
mel	le miel	*le mi-el*
raiz-forte	le raifort	*le re-for*
geleia	la confiture	*la kohN-fi-tewr*
ketchup	le ketchup	*le ket-chup*
limão	le citron	*le si-trohN*
xarope de bordo	le sirop d'érable	*le sirop de rabl*
maionese	la mayonnaise	*la mai-io-nez*
menta	la menthe	*la mahNt*
mostarda	la moutarde	*la mu-tard*
óleo	l'huile (*f.*)	*lewil*
orégano	l'origan (*m.*)	*lo-ri-gahN*
salsa	le persil	*le per-sil*
pimenta	le poivre	*le puávr*
sal	le sel	*le sel*
açúcar	le sucre	*le sewkr*
estragão	l'estragon (*m.*)	*les-tra-gohN*
vinagre	le vinaigre	*le vi-negr*

Pedidos Especiais

As frases seguintes serão úteis para você dizer do que gosta ou não, ou se possui alguma restrição alimentar:

Estou de dieta.	**Je suis au régime.**	***je sui o re-jim***
Eu sou vegetariano.	**Je suis végétarien(ne).**	***je sui ve-je-ta-ryaN***
Eu não posso ingerir...	**Je ne tolère**	***je ne to-lér***
nenhum laticínio	aucun produit laitier	*o-kuhN pro-dewi le-tiê*
nenhum alcóol	aucun produit alcolique	*o-kuhN pro-dewi al-ko-lik*
nenhuma gordura saturada	aucune matière grasse animale	*o-kewn ma-tiér gras a-ni-mal*
Eu não posso comer...	**Je ne tolère pas...**	***je ne to-lér pa***
ovos	les oeufs	*le ze*
peixes	le poisson	*le puá-sohN*
leite	le lait	*le lé*
amendoins	les cacahuètes	*le ka-kau-ét*
gergelim	le sésame	*le se-zam*
mariscos	les crustacés	*le krus-ta-sê*
soja	le soja	*le so-ja*
trigo	le blé	*le blê*
Estou procurando um prato ...	**Je cherche un plat ...**	***le cherch ahN pla***
rico em fibras	riche en fibre	*rich ahN fibr*
com baixo colesterol	Léger en cholestérol	*le-gér ahN ko-les-te-rol*
com pouca gordura	léger en matières grasses	*le-gér ahN ma-tiér gras*
com pouco sódio	léger en sodium	*le-gér ahN so-diuhNm*
não-lácteo	non-laitier	*nohN le-tiê*
sem sal	sans sel	*sahN sel*
sem açúcar	sans sucre	*sahN sewkr*
sem corante artificial	sans colorant	*sahN ko-lo-rahN*
sem conservantes	sans conservateurs	*sahN kohN-ser-va-téewr*

Vai e Vem

Às vezes, a comida ou a mesa podem não estar nos seus padrões. A Tabela 11.16 apresenta alguns problemas que você pode ter:

Tabela 11.16 Problemas Possíveis

Português	Francês	Pronúncia
... está frio	... est froid(e)	é fruá(d)
... está muito malpassado	...n'est pas assez cuit(e)	né pa a-sê kewi(t)
... está muito cozido	...est trop cuit(e)	é tro kewi(t)
... está duro	...est dur(e)	é dewr
... está queimado	...est brûlé(e)	é brew-lê
... está muito salgado	...est trop salé(e)	é tro sa-lê
... está muito doce	...est trop sucré(e)	é tro sew-krê
... está muito apimentado	...est trop épicé(e)	é tro e-pi-sê
... está estragado	...est tourné(e)	é tur-nê
... está amargo	...est aigre	é tégr
... tem gosto de ...	...a le goût de ...	a le gu de
... está sujo	...est sale	é sal

Extravagância Final

Após o jantar, você vai querer escolher *des fromages variés (de fro-maj va-ri-ê / os queijos)*: *boursin, brie, camembert, chèvre, munster, port-salut* e *roquefort*. Você deve perguntar ao escolher um queijo:

Ele é...?	Est-il...?	*é-til*
magro	maigre	*megr*
picante	piquant	*pi-kahN*
forte	fermenté	*fer-mahN-tê*
leve	à pâte molle	*a pat mol*

Finalmente, é hora da sobremesa, e há muitas especialidades francesas à sua escolha. A Tabela 11.17 ajudará a tomar essa decisão.

Tabela 11.17 Sobremesas Divinas

Francês	Pronúncia	Português
une bavaroise	*ewn ba-va-ruáz*	creme bavariano
des beignets	*des be-nhê*	roscas de frutas
une bombe	*ewn bohNb*	sorvete de vários sabores
une charlotte	*ewn char-lot*	bolo e pudim
une crème caramel	*ewn krem ka-ra-mel*	creme de ovos com caramelo
une gaufre	*ewn gofr*	waffle
des oeufs à la neige	*de se a la néj*	merengues com creme
une omelette novégienne	*ewn no-me-let nor-ve-jien*	alaska assado
des poires bellé Hélène	*de puár be-lê e-lén*	pêra pochê com sorvete de creme e calda de chocolate
des profiteroles	*de pro-fi-te-rol*	profiteroles

Tenha certeza de que pediu o sorvete que deseja para sua sobremesa.

sorvete	une glace	*ewn glas*
iogurte	un yaourt	*ahN i-a-urt*
casquinha	un cornet	*ahN kor-ne*
copo	une coupe	*ewn kup*
chocolate	au chocolat	*o cho-ko-la*
creme	à la vanille	*a la va-ni-ie*
morango	aux fraises	*o fréz*

Jantar Completo

Os franceses geralmente tomam vinho ao jantar, dentre os vinhos que você deve pedir estão os seguintes:

vinho tinto	le vin rouge	*le vaN ruj*
vinho rosé	le vin rosé	*le vaN ro-zê*
vinho branco	le vin blanc	*le vaN blahN*
vinho espumante	le vin mousseux	*le vaN mu sêew*
champanhe	le champagne	*le chahN-pa-nh*

Só Quero Provar

O partitivo é usado em francês para expressar parte de um todo, ou uma quantidade indefinida, e é equivalente a alguns ou nenhum termo em português.

Partitivo	Usado antes de
du (de + le)	substantivos masculinos singulares iniciados em consoante
de la	substantivos femininos singulares iniciados em consoante
de l'	todo substantivo singular iniciado em vogal
des (de + les)	todos os substantivos plurais

Embora em português, às vezes, omitimos *algum* e *nenhum/qualquer*, em francês, o partitivo sempre deve ser utilizado e repetido antes de cada substantivo:

Traga-me um mousse e café, por favor.
Apportez-moi *de la* mousse et *du* café, s'il vous plaît.
a-por-tê-muá de la mus e dew ka-fê sil vu plé

Em uma frase negativa, ou antes de um adjetivo precedido de um substantivo plural, o partitivo é expresso por *de* (não é usado nenhum artigo definido).

Eles não querem (nenhum/qualquer) peixe.
Ils n'ont pas de poisson.
il nohN pa dew puá-sohN

Ele prepara boas sobremesas.
Il prépare *de* bons desserts.
il pre-par de bohN de-ser

O Pronome *en*

O pronome *en* se refere a coisas ou lugares mencionados anteriormente. *En* geralmente substitui *de* + substantivo, e pode significar um pouco ou nada disso/deles, sobre isso/aqueles, daquilo/daqueles, ou de lá.

Ele quer maçãs. Il veut *des pommes.*	Eu não quero carne. Je ne veux pas *de viande.*
Ele quer algumas delas. Il *en* veut.	Eu não quero nenhuma (disso). Je n'*en* veux pas.
Nós falamos sobre o café. Nós falamos sobre isto.	Nous parlons *du café.* Nous *en* parlons.

Elas saíram do restaurante.
Elles sortent *du restaurant.*

Elas saíram de lá.
Elles *en* sortent.

O *en* é sempre utilizado em francês, mesmo que em português não exista equivalência.

Você tem algum dinheiro? Avez-vous *de l'argent*?	Sim, eu tenho. Oui, j'*en* ai.

O *en* é colocado antes do verbo do qual está ligado o seu significado, normalmente, antes do verbo conjugado. Quando existem dois verbos, o *en* é colocado antes do infinitivo:

Ele toma (come) alguma coisa.
Il *en* prend.

Ele quer tomar (comer) alguma coisa.
Il désire *en* prendre.

Não bebe (come) nada.
N'*en* prends pas.

Em um imperativo afirmativo o *en* muda de posição e é colocado imediatamente após o verbo, e é colocado ao lado dele ligado por um hífen:

Beba (coma) alguma coisa! (familiar)
Prends-*en*! (*prahN zahN*)

A Conta, Por Favor!

Não se esqueça de pedir a conta ao final da sua refeição:

A conta, por favor.
L'addition, s'il vous plaît.
la-di-siohN sil vu plé

Você aceita cartões de crédito? Quais?
Acceptez vous les cartes de crédit? Lesquelles?
ak-sep-tê vu le kart de kredi

Capítulo 12

Seja Sociável

Neste Capítulo

- Os verbos *vouloir* e *pouvoir*
- Divertimentos e passatempos
- Convites: adiar, aceitar e recusar

Você já visitou muitos lugares e agora quer somente relaxar e se divertir. Você pode ir à praia nadar e surfar. Ou as montanhas cobertas de neve o convidam para esquiar ou caminhar? Você é um fã de filme ou um amante de ópera? Com a ajuda deste capítulo, será capaz de fazer tudo isso e muito mais – assim como ser o hóspede ou convidar.

Eu Amo Esportes!

Se você gosta de relaxar como um jovem que passa muito tempo na praia, passar seus dias olhando o oceano azul-celeste, ou se sente tentado a praticar todo esporte que puder, você precisará de certas palavras e termos para deixar claras suas preferências. A Tabela 12.1 fornece uma lista de esportes e atividades ao ar livre.

Tabela 12.1 Esportes

Uma pessoa pratica...	on fait...	*ohN feh...*
aeróbica	de l'aérobie (*m.*)	*de la-e-ro-bi*
baseball	du base-ball	*dew baz-bol*
basquete	du basket-ball	*dew bas-ket bol*
remo	du canotage	*dew ka-no-taj*
ciclismo	du cyclisme	*dew si-klism*
pesca	de la pêche	*de la pech*
futebol americano	du football américain	*dew fut-bol a-me-ri-caN*
golfe	du golf	*dew golf*
hipismo	de l'équitation (*f.*)	*de le-ki-ta-siohN*
caça	de la chasse	*de la chas*
corrida	du jogging	*dew joging*
iatismo	du bateau à voiles	*dew ba-tô a vual*
mergulho	de la plongée sousmarine	*de la plohN jê su-ma-rin*
patinação	du patin	*dew pa-taN*
esqui	du ski	*dew ski*
futebol	du football	*dew fut-bol*
natação	de la natation	*de la na-ta-siohN*
tênis	du tennis	*dew te-nis*
voleibol	du volley-ball	*dew vo-lei-bol*
esqui aquático	du ski nautique	*dew ski no-tik*

Use o verbo *faire* quando falar sobre praticar um esporte.

Vous faites du tennis?
Você joga tênis?

On fait de la pêche?
Vamos pescar?

Os verbos *voulior* (*vu-luár*/ querer) e *pouvoir* (*pu-vuár*/ poder) são irregulares e podem ser seguidos pelo infinitivo de um verbo para convidar alguém.

Francês	Pronúncia	Português
je **veux**	*je vêew*	eu quero
tu **veux**	*tew vêew*	tu queres
il **veut**	*il vêew*	ele quer
nous **voulons**	*nu vu-lohN*	nós queremos
vous **voulez**	*vu vu-lê*	vós quereis
ils **veulent**	*il vêewl*	eles querem
je **peux**	*je pêew*	eu posso
tu **peux**	*tew pêew*	tu podes
il **peut**	*il pêew*	ele pode
nous **pouvons**	*nu pu-vohN*	nós podemos
vous **pouvez**	*vu pu-vê*	vós podeis
ils **peuvent**	*il péewv*	eles podem

Vous voulez (*Tu veux*) + infinitivo de um verbo
Vous voulez (Tu veux) faire du patin?
Você quer patinar?

Vous pouvez (*Tu peux*) + infinitivo de um verbo
Vous pouvez (Tu peux) aller à la pêche?
Você pode ir pescar?

Outros Divertimentos

Se você não é muito fã de esportes, há várias outras atividades para se ocupar. As frases na Tabela 12.2 ajudarão a buscar outros interesses. Não se esqueça de trazer *les jumelles (le jew-mel/ binóculos)* quando escolher assistir à ópera, ao balé, ao teatro ou a um concerto.

Eu gostaria de ir...
Je voudrais aller...
je vu-dré za-lê

Tabela 12.2 Lugares Para Ir

Português	Francês	Pronúncia
ao balé	au ballet	*o ba-lé*
à praia	à la plage	*a la plaj*
ao cassino	au casino	*o ka-si-nô*
ao concerto	au concert	*o kohN sert*
à discoteca	à une discothèque	*a ewn dis-ko-tek*
ao shopping	au centre commercial	*o sahNtr ko-mer-sial*
ao cinema	au cinéma	*o si-ne-má*
à opera	à l'opéra	*a lo-pe-rá*
ao teatro	au théatre	*o te-atr*
fazer caminhada	faire une randonnée	*fer uwn rahN-do-nê*

No Cinema e Na Televisão

Você está exausto, malhou muito e sua barriga está cheia. Se você é fã de filmes, pode pegar o último filme ou mesmo o seu programa de TV favorito. Para alguns tipos de entretenimentos, faça as seguintes perguntas e consulte a Tabela 12.3.

Que tipo de filme está passando?
On passe quel genre de film?
ohN pas kel jahNr de film

O que tem na TV?
Qu'est-ce qu'il y a à la télé?
kes ki lia a la te-lê

Tabela 12.3 Filmes e Programas de Televisão

Português	Francês	Pronúncia
filme de aventura	un film d'aventure	*ahN film da vahN-tewr*
desenho	un dessin animé	*ahN de-saN a-ni-mê*
comédia	un film comique	*ahN film ko-mik*
filme de terror	un film d'horreur	*ahN film do-réewr*
romance (filme)	un film d'amour	*ahN film da-mur*
mistério (filme)	un mystère	*ahN mis-tér*
noticiário	les informations (*f.*)	*le zaN-for-ma-syohN*
novela	un feuilleton (mélodramatique)	*ahN feewi-ie tohN (me-lo-dra-ma-tik)*
talk show	une causerie	*ewn koz-ri*
tempo	la météo	*la mê-te-ô*

Nos cinemas franceses, o lanterninha - geralmente uma moça (une ouvreuse/ *ewn u-vrewz*) - ajuda a escolher um assento de sua preferência e espera por uma gorjeta (un pourboire/ *ahN pur-baár*) pelo serviço retribuído. Muitas vezes 15 minutos de comerciais são exibidos antes do filme começar.

É neste momento que o lanterninha aparece com uma variedade de doces e sorvetes. Você quer pipoca? Desculpe, ela não é vendida. Veja as explicações a seguir quando escolher ir ao cinema ou ao teatro:

INT-18ans: Interdit aux moins de 18 ans
Proibido para menores de 18 anos

V.O.: Version originale
Versão original, legendado

V.F.: Version française
Dublado em francês

T.R.: Tarif réduit
Preço reduzido

C.V.: Carte vermeille
Cartão "vermelho" para 3ª idade

PL.: Prix des places
Preço do assento

Expressando Sua Opinião

Se você gosta de um programa, poderá dizer:

Eu gostei!	J'adore!	*ja-dor*
É um bom filme.	C'est un bon film.	*sé tahN bohN film*
É divertido!	C'est amusant!'	*sé ta-mew-zahN*
É genial!	C'est génial!	*sé je-nial*
É comovente!	C'est émouvant!	*sé te-mu-vahN*
É original!	C'est original!	*sé to-ri-ji-nal*

Se você não gostou da apresentação, tente estas frases:

Eu odiei!	Je deteste!	*je de-test*
É um filme ruim!	C'est un mauvais film.	*sé tahN mo-vé film*
É uma porcaria!	C'est un navet!	*sé tahN na-vé*
É fajuto!	C'est bidon!	*sé bi-dohN*
É sempre a mesma coisa!	C'est toujours la même chose!	*sé tu jur la mem choz*
É muito violento!	C'est trop violent!	*sé tro vi-o-lahN*

Convites

Não é muito divertido jogar sozinho. Por que não pedir a alguém para se juntar a você? Para estender o convite, você pode usar os termos a seguir:

Gostaria de se juntar a mim (nós)?
Voudriez-vous m'accompagner (nous accompagner)?
vu-driê vu ma-cohN-pa-nhê (nu-zat kohN-pa-nhê)

Se você foi convidado para um jogo, ou para uma ópera, ou simplesmente para visitar alguém em algum momento, as frases seguintes ajudarão a aceitar, recusar ou mostrar sua indiferença.

Aceitando		
Avec plaisir.	*a-vek ple-sir*	Com prazer.
Bien entendu.	*byaN nahN-tahN-dew*	Claro.
Bien sûr.	*byaN sewr*	Claro, com certeza.
C'est une bonne idée.	*sé tewn bon i-dê*	É uma ótima ideia.

Continua...

Continuação...

Aceitando		
Chouette!	*chu-ét*	Ótimo!
D'accord.	*da-kor*	Ok, concordo.
Et comment!	*e ko-mahN*	Pode apostar!
Il n'y a pas d'erreur.	*il ni a pa de-réewr*	Sem dúvida alguma.
Pourquoi pas?	*pur-kuá pa*	Por que não?
Si tu veux (vous voulez).	*si tew veew (vu vu-lê)*	Se você quiser.
Volontiers!	*vo-lohN-tiê*	Com muito prazer.
Recusando		
C'est impossible.	*sé tahN-po-sibl*	Impossível.
Encore!	*ahN-kor*	De novo, não!
Je n'ai pas envie.	*je ne pa ahN-vi*	Eu não gosto disso.
Je ne peux pas.	*je ne peew pa*	Não posso.
Je ne suis pas libre.	*je ne sui pa libr*	Estou ocupado.
Je ne veux pas.	*je ne veew pa*	Eu não quero.
Je regrette.	*je re gret*	Sinto muito.
Je suis désolé(e).	*je sui de-so-lê*	Me desculpe.
Je suis fatigué(e).	*je sui fa-ti-guê*	Estou cansado(a).
Je suis occupé(e).	*je sui o-kew-pê*	Estou ocupado(a).
Mostrando Indecisão ou Indiferença		
Ça dépend.	*sa de-pahN*	Depende.
Ça m'est égal.	*sa mé-te-gal*	É sempre a mesma coisa.
Ce que tu préfères (vous préférez).	*se ke tew pre-fér (vu pre-fe-rê)*	O que você preferir.
Comme tu veux (vous voulez)	*kom tew veew (vu vu-lê)*	O que você quiser.
Je n'ai pas de préférence.	*je ne pa de pre-fe-rahNs*	Eu não tenho preferência.
Je ne sais pas trop.	*je ne se pa tro*	Eu realmente não sei.
Peut-être.	*peew-tér*	Talvez.

Capítulo 13

Serviços Pessoais

Neste Capítulo

- No cabeleireiro
- Na lavanderia e lavanderia automática
- No sapateiro
- Na ótica
- Na joalheria
- Na loja de fotografia
- Na loja de música

Que desgosto! Você precisa pintar o cabelo! Você derramou um pouco de ketchup em seu novo short branco! Sua lente de contato esquerda rasgou! Seu bebê resolveu brincar com seu relógio na banheira! O que você deve fazer? Não se preocupe. Não é uma catástrofe. Simplesmente consulte o recepcionista de seu hotel ou consulte *les pages jaunes* (*le paj jon*/ as páginas amarelas). No final, tudo se resolverá.

Um Dia Muito Difícil!

Os atuais salões unissex têm dado fim à tradição do passado em que os homens iam *chez le coiffeur* (*che le cuá feewr*/ ao barbeiro) e as mulheres iam *au salon de beauté* (*o sa-lohN de bo-tê*/ ao salão de beleza). Cada vez mais, homens e mulheres estão utilizando os mesmos serviços. Para obter o que deseja, simplesmente peça:

Você poderia me dar ...	Eu gostaria ...
Pourriez-vous me donner ...	Je voudrais ...
pu-riê vu me do-nê	*je vu-dré*

Os salões atuais trazem os serviços listados na Tabela 13.1:

Tabela 13.1 No Salão

Português	Francês	Pronúncia
tratamento facial	un massage facial	*ahN ma-saj fa-si-al*
corte	une coupe de cheveux	*ewn kup de che-veew*
manicure	une manucure	*ewn ma-new-kewr*
pedicure	une pédicurie	*ewn pe-di-kew-ri*
permanente	une permanente	*ewn per-ma-nahNt*
hidratação	un rinçage colorant	*ahN raN-saj ko-lo-rahN*
enrolar o cabelo com bobes	une mise en plis	*ewn mi-zahN pli*
xampu	un shampooing	*ahN shahN-poaN*
aparar	une coupe	*ewn kup*
depilação	une épilation	*ewn e-pi-la-siohN*
luzes	des reflets	*de re-flé*
corte repicado	une coupe dégradée	*ewn kup de-gra-dê*

Você precisa de outros serviços? A Tabela 13.2 fornece frases que o ajudarão. Use a frase seguinte como uma introdução:

Poderia, por favor...?
Pourriez-vous... s'il vous plaît?
pu-riê vu...sil vu plé

Tabela 13.2 Outros Serviços

Português	Francês	Pronúncia
secar meu cabelo	me donner un brushing	*me do-ner ahN bru-shin*
enrolar meu cabelo	me friser les cheveux	*me fri-zer le che-veew*
fazer a barba (o bigode)	me raser la barbe (la moustache)	*me ra-zê la barb (la mus-tach)*
alisar meus cabelos	me défriser les cheveux	*me de-fri-zê le che-veew*
aparar a franja	me rafraîchir la frange	*me re-fre-chir la frahNj*
aparar a barba (bigode, costeletas)	me rafraîchir la barbe (la moustache, les pattes)	*me re-fre-chir la barb (la mus-tach, le pat)*

Obtendo o Que Deseja

Quando há uma barreira linguística, os desastres podem ser infinitos quando você tenta obter o corte, o estilo e a cor que deseja. As frases a seguir ajudarão você a ser melhor entendido:

Eu prefiro meu cabelo...
Je préfère mes cheveux...
je pre-fér me che-veew

Português	Francês	Pronúncia
longos	longs	*LohN*
médios	mi-longs	*mi-lohN*
curtos	courts	*kur*
ondulados	frisés	*fri-zê*
encaracolados	bouclés	*bu-klê*
lisos	raides (lissés)	*réd (li-sê)*

Às vezes, seu cabelo não fica meio duro e grudento após o cabeleireiro cobri-lo com mousse, gel ou spray? Como você se sente depois de toda aquela química penetrando em seu couro cabeludo? Você é alérgico a certos produtos? Se não quer alguma coisa em seu cabelo, não tenha medo de dizer ao cabeleireiro.

Não coloque nenhum(a) ... por favor.
Ne mettez pas de (d') ... s'il vous plaît.
ne me-tê pa de...sil vu plé

Português	Francês	Pronúncia
condicionador	après-shampooing	*a-pré shahN poaN*
gel	gel coiffant (*m.*)	*jel kuá fahNt shahN-poaN*
spray	laque (*f.*)	*lak*
mousse	mousse coiffante (*f.*)	*mus kuá-fahNt*
xampu	shampooing (*m.*)	*shahN-poaN*

Não se esqueça de perguntar sobre a gorjeta:

A gorjeta está incluída?
Le service est compris?
le ser-vis é kohN-pri

Problemas em Geral

Algumas frases-chave acessíveis o ajudarão em muitas situações. Tenha-as em mãos se for à lavanderia, ao sapateiro, ao optometrista, à joalheria ou à loja de câmeras.

A que horas abre (fecha) a loja?
Vous êtes ouvert (vous fermez) à quelle heure?
vu zét u-vér (vu ter-mê) a kel héewr

Quais dias estão abertos? Fechados?
Vous êtes ouvert (vous fermez) quels jours?
vu zet uvér (vu fer-mê) kel jur

Você pode consertar ... para mim?
Pouvez-vous me réparer ...?
pu-vê vu me re-pa-rê

Você pode consertar hoje?
Pouvez-vous le/la/ (les) réparer aujourd'hui?
pu-vê vu le/la re-pa-rê o-jur-dui

Você pode me dar um recibo?
Puis-je avoir un reçu?
puij a vuár ahN re-su

Pode consertá-lo(a)(s) agora (enquanto espero)?
Pouvez-vous le/la/ (les) réparer provisoirement (pendant que j'attends)?
pu-vê vu le/la re-pa-rê pro-vi-suár-mahN (pahN-dahN ke ja tahN)

Quanto eu te devo?
Je vous dois combien?
je vu duá kohN-byaN

Na Lavanderia – à la Teinturerie

Eu não gosto de roupa amassada - como se tivesse dormido com elas por uma semana. Eu fico constrangido pela mancha feia que eu vi... você sabe, aquelas amarelas que sempre parecem brotar em roupas brancas. Não se desespere. Se você sabe se expressar, suas manchas, borrões, rasgões e dobras serão coisa do passado.

Eu tenho um problema.
J'ai un problème.
je ahN pro-blem

Qual é o problema?
Quel est le problème?
kel é le pro-blem

Existe (m)...	Il y a...	*il yah*
um buraco	un trou	*ahN tru*
um botão que falta	un bouton qui manque	*ahN bu-tohN ki mahNk*
uma mancha	une tache	*ewn tach*
um rasgo	une déchirure	*ewn dé-chi-rewr*

Uma vez que o problema foi explicado, diga o que gostaria de fazer:

Você pode (secar) limpar este/a (estes/as) ... para mim?
Vous pouvez me nettoyer (à sec) ce (cette, cet, ces) ...?
vu pu-vê me ne-toi-iê (à sek) se (set, set, se)

Você pode remendar este/a (estes/as) ... para mim?
Vous pouvez me faire recoudre ce/cette/ cet (ces) ...?
vu pu-vê me fér re-cudr se/set/set (se)

Você pode consertar (reparar) este/a (estes/as) ... para mim?
Vous pouvez me repasser (réparer) ce (cette, cet, ces)...?
vu pu-vê me re-pa-sê (re-pe-rê) se, set, set (se)

Você pode engomar este/a (estes/as) ... para mim?
Vous pouvez m'amidonner ce/cette/cet (ces) ...?
vu pu-vê me ne-toi-iê (à sek) se (set, set, se)

Eu preciso dele/a (deles/delas) ...
J'en ai besoin ...
jahN ne be-zoaN

hoje
aujourd'hui
o-jur-dui

esta tarde
cet après-midi
se-ta-pré-mi-di

esta noite
ce soir
se suár

amanhã
demain
de-maN

depois de amanhã
après-demain
a-pré mi-di

na próxima semana
la semaine prochaine
la semeh-pro-chen

Na Lavanderia Automática – à la Blanchisserie/ à la Laverie Automatique

Roupas para lavar acumulam rapidamente quando você está de férias. Se não se pode esperar até você chegar em casa, a lavanderia pode resolver o problema. Use as frases seguintes para obter informações.

Gostaria de lavar minhas roupas.
Je voudrais laver mes vêtements.
je vu-dré la-vê me vet-mahN

Gostaria que minhas roupas fossem lavadas.
Je voudrais faire laver mes vêtements.
je vu-dré fér la-vê me vet-mahN

Você está atormentado por aquele aro em volta de seu colar? Ou talvez com receio de que sua nova e bonita camisa de seda seja arruinada por um amador? Se tem a intenção de fazer o trabalho você mesmo, use as seguintes frases:

Tem uma máquina de lavar livre (secadora)?
Y a-t-il une machine à laver (un séchoir) livre?
ia til ewn ma-chin a la-vê (ahN sechuár) libr

Onde eu posso comprar detergente de lavar roupa (amaciante de roupa)?
Ou puis-je acheter de la lessive (de l'assouplissant)?
u puij ach-tê de la le-siv (de la su-pli-sahN)

No Sapateiro – Chez le Cordonnier

O seu cadarço arrebentou, você fez um buraco na sola do seu sapato de tanto andar, ou simplesmente ele precisa ser lustrado? Use as frases seguintes como ajuda.

Pode consertar... para mim?
Pouvez-vous me réparer...?
pu vê vu me re-pa-rê...

estes sapatos
ces chaussures
se cho-sewr

estas botas
ces bottes
se bot

este salto
ce talon
se ta-lohN

esta sola
cette semelle
set se-mel

Você vende cadarços?
Vendez-vous des lacets?
vahN-dê vu de la-sê

Eu gostaria de engraxar.
Je voudrais un cirage.
je vu-dré zahN si-raj

Quando estarão prontos?
Quand puis-je les avoir?
kahN puij le za-vuár

Eu preciso deles até sexta (sem falta).
Il me les faut vendredi (sans faute, assurément).
il me le fo vahN dre-di (sahN fot, a-sewr-mahN)

No Optometrista – Chez l'Opticien

Para aqueles que precisam usar óculos ou lentes, perder ou rasgar as lentes de contato ou quebrar os óculos pode ser um desastre. Se você precisa de ajuda, familiarize-se com as frases seguintes:

Você pode consertar estes óculos para mim?
Pouvez-vous me réparer ces lunettes?
pu-vê vu me re-pa-rê se lew-net

As lentes estão quebradas.
Le verre (la monture) est cassé(e).
le vér (la mohN-tewr) é ka-sê

Você pode apertar os parafusos?
Pouvez-vous resserrer les vis?
pu-vê vu re-se-rê le vis

Você pode substituir estas lentes de contato?
Pouvez-vous remplacer cette lentille (ce verre) de contact?
pu-vê vu rahN-pla-sê set lahN-ti-ie (se ver) de cohN-takt

Eu preciso de óculos (lentes) o mais rápido possível.
Il me faut les lunettes (les verres de contact) aussitôt que possible.
il me fô de lew-net (le vér de kohN-takt) o-si-tô ke po-sibl

Pode arrumá-los rapidamente?
Pouvez-vous les réparer vite?
pu-vê vu le re-pa-rê vit

Você vende óculos de sol?
Vendez-vous des lunettes de soleil?
vahN-dê vu de lew-net de so-lei

Na Joalheria – Chez le Bijoutier

Que sorte! Seu relógio parou no meio da viagem. Use as frases seguintes se precisar de reparo antes de voltar para casa:

Você pode consertar este relógio?
Pouvez-vous réparer cette montre?
pu-vê vu re-pa-rê set mohNtr

Meu relógio não funciona.
Ma montre ne marche pas.
ma mohNtr ne march pa

Meu relógio está atrasando.
Ma montre avance (retarde).
ma mohNtr avahNs (retard)

Você vende pulseira de relógio (baterias)?
Vendez-vous des bandes (des piles)?
vahN-dê vu de bahNd (de pil)

Quando ficará pronto?
Quand sera-t-elle prête?
kahN se-ra tel prét

Na Loja de Fotografia – Au Magasin de Photographie

Quando você estiver curtindo férias maravilhosas, poderá achar muito importante registrar os momentos especiais e paisagens inesquecíveis. Se precisar ir a uma loja de artigos fotográficos em um país de língua francesa, as palavras a seguir serão de grande utilidade.

Português	Francês	Pronúncia
uma câmera de vídeo	un caméscope	*ahN ka-mes-kop*
uma câmera	un appareil photo	*ahN na-pa-rei fo-tô*
uma câmera digital	un appareil photo numérique	*ahN na-pa-rei fo-tô nu-me-rik*
um cartão de memória	une carte mémoire	*ewn kahrt me-muár*
filme	un film	*ahN film*

Se você tem necessidades específicas, poderá perguntar:

Você pode consertar esta câmera?
Pouvez-vous réparer cet appareil photo?
pu-vê vu re-pa-rê set a pa-rei fo-tô

O filme não avança.
Le filme n'avance pas.
le film na vahNs pa

Preciso de uma nova bateria (um cartão de memória).
Il me faut une nouvelle pile (une carte mémoire).
il me fo tewn nu-vél pil (ewn kart me-muár)

Quanto custará o conserto?
Combien coûtera la rêparation?
kohN-byaN kut-ra la re-pa-ra-siohN

Eu preciso disso o mais rápido possível.
J'en ai besoin aussitôt que possible.
jahN ne be-zoaN o-si-tô ke po-sibl

Você vende filmes de 24 (36) fotos coloridas (preto e branco)?
Vendez-vous de pellicules de vingt-quatre (trente-six) en couleur (noir et blanc)?
vahN-dê vu de pe-li-kewl de vaN-katr (trahNt-sis) ahN ku-leewr (nuár e blahN)

Você vende acessórios para câmeras digitais?
Vendez-vous des accessoires pour les appareils photo numériques?
vahN-dê vu de ak-se-suár pur le za-pa-rei fo-tô new-merik

Na Loja de Música – Au Magasin Multimédia

Você gosta de música o tanto quanto eu? Bem, se você é igual a mim, não deve ir a lugar algum sem seu iPod. As frases a seguir ajudarão se precisar:

> Você vende acessórios para iPod?
> Vendez-vous des accessoires pour les iPod (les baladeurs numériques)?
> *vahN-dê vu de zak-se-suár pur le iPod (le ba-la-deewr nu-me-rik)*

> Quais?
> Lesquels?
> *le-kel*

Eu preciso...	Il me faut...	il muh fu
... de uma braçadeira	... un brassard	*ahN bra-sar*
... base	... une station d'accueil	*ewn sta-siohN da-kewl*
... cabos	... des câbles	*de kabl*
... fones de ouvido	... des écouteurs	*de ze-ku-téewr*

Capítulo 14

Há um Médico de Plantão?

Neste Capítulo

- Tudo sobre seu corpo
- Sinais, sintomas e doenças
- Dizendo há quanto tempo se sente de um jeito
- Verbos reflexivos
- Na farmácia

Normalmente, as pessoas ficam doentes ou se acidentam no pior momento possível. A situação pode se tornar difícil, se não crítica, quando você não pode transmitir o problema. Neste capítulo, você aprenderá como explicar suas doenças e há quanto tempo sente os sintomas.

Dói Aqui ou Ali?

Quando você está viajando, vale a pena estar preparado em caso de doença. Comece a se familiarizar com as partes do corpo na Tabela 14.1.

Tabela 14.1 Partes do Corpo

Português	Francês	Português	Francês
braço	le bras *(le bra)*	costas	le dos *(le dô)*
peito	la poitrine *(la puá-trin)*	ouvidos	l'oreille (f.) *(lo-rei-ie)*
cotovelo	le coude *(le kud)*	olho	l'oeil (*m.*) *(leil)*
olhos	les yeux *(le ziew)*	face	la figure, le visage *(la fi-gewr, le vi-zaj)*
dedo	le doigt *(le duá)*	pés	le pied *(le piê)*
mão	la main *(la maN)*	cabeça	la tête *(la tet)*
coração	le coeur *(le koewr)*	quadril	la hanche *(la ahNch)*
rim	le rein *(le raN)*	joelho	le genou *(le je-nu)*
perna	la jambe *(la jahNb)*	lábios	la lèvre *(la lévr)*
pulmão	le poumon *(le pu-mohN)*	boca	la bouche *(la buch)*
pescoço	le cou *(le ku)*	nariz	le nez *(le nê)*
ombro	l'épaule *(le-pol)*	estômago	l'estomac (*m.*) *(les-to-ma)*
garganta	la gorge *(la gorj)*	dedo do pé	l'orteil (*m.*) *(lor-tei)*
língua	la langue *(la lahNg)*	dente	la dent *(la dahN)*
pulso	le poignet *(le puá-nhê)*		

Se você tiver um problema e tiver que buscar ajuda médica, a primeira pergunta óbvia será: "O que há com você?" ou "Qu'est-ce que vous avez?" *(kes-ke vu -za-vê)*. Para dizer o que você sente ou incomoda, use a expressão *avoir mal à* + artigo definido:

Você tem dor de estômago?
Tu as mal à l'estomac?
tew a mal à les-to-ma

Nossos pés doem.
Nous avons mal aux pieds.
nu za-vohN mal o piê

Se você tem que ir ao dentista, use a expressão *avoir mal aux dents* (estar com uma dor de dente) ou *avoir une range de dents* (estar com uma forte dor de dente).

Estou com dor de dente.
J'ai mal aux dents.
je mal o dahN

Ele está com uma forte dor de dente.
Il a une range de dents.
il a ewn rahNj de dahN

Quais São os Seus Sintomas?

Se você precisa fornecer uma descrição mais detalhada de suas dores e sofrimentos, use os sintomas e condições listados na Tabela 14.2. Use a frase *J'ai* (je/ eu tenho) para iniciar sua queixa.

Tabela 14.2 Sintomas

Português	Francês	Pronúncia
contusão	une contusion	*ewn kohN-tew-ziohN*
um inchaço	une bosse	*ewn bos*

Continua...

Tabela 14.2 Sintomas (continuação)

Português	Francês	Pronúncia
queimadura	une brûlure	*ewn brew-lewr*
calafrio	des frissons	*de fri-sohN*
tosse	une toux	*ewn tu*
cãibra	des crampes	*de krahNp*
corte	une coupure	*ewn ku-pewr*
diarréia	de la diarrhée	*de la di-a-rê*
febre	de la fièvre	*de la fi-évr*
fratura	une fracture	*ewn frak-tewr*
calombo	une grosseur	*ewn gro-sewr*
dor	une douleur	*ewn du-lewr*
borbulha (erupção)	une éruption	*ewn ne-rewp-siohN*
entorse	une foulure	*ewn fu-lewr*
inchaço	une enflure	*ewn nahN-flewr*
ferida	une blessure	*ewn ble-sewr*

Aqui estão algumas outras frases que poderão ser úteis ao explicar como está se sentindo:

Estou tossindo.
Je tousse.
je tus

Estou espirrando.
J'éternue.
je-ter-new

Estou sangrando.
Je saigne.
je senh

Estou resfriado(a).
Je suis constipé(e).
je sui kohNs-ti-pê

Estou com náusea.
J'ai des nausées.
je-de-no-sê

Eu tenho problema para dormir.
Jai du mal à dormir.
je dew mal a dor-mi

Eu me sinto mal.
Je me sens mal.
je me sahN mal

Dói tudo.
J'ai mal partout.
je mal par-tu

Eu me sinto fraco(a).
Je me sens faible.
je me sahN fébl

Estou tonto(a).
J'ai le vertige.
je le ver-tij

O Médico Precisa Saber

Você terá que responder a muitas perguntas pessoais sobre sua saúde geral e seu histórico familiar para que o médico possa cuidar de você apropriadamente. Verifique na Tabela 14.3 as palavras de que precisará.

Você já teve...?
Avez-vous eu...?
a-vê vu ew

Você sofre de...?
Souffrez-vous de (d')...?
su-frê vu de

Tabela 14.3 Outros Sintomas e Doenças

Português	Francês	Pronúncia
reação alérgica	une reaction allergique	*ewn re ak-siohN a-ler-jik*
angina	une angine	*ewn nahN-jin*
apendicite	l'appendicite (*f.*)	*la-pahN-di-sit*
asma	l'asthme (*m.*)	*lasm*

Continua...

Tabela 14.3 Outros Sintomas e Doenças (continuação)

Português	Francês	Pronúncia
bronquite	la bronchite	*la brohN-chit*
câncer	le cancer	*le kahN-ser*
diabete	le diabète	*le di-a-bét*
vertigem	le vertige	*le ver-tij*
febre do feno	le rhume des foins	*la rewm de foaN*
ataque cardíaco	une crise cardiaque	*kriz kar-di-ak*
hepatite	l'hépatite	*le-pa-tit*
pneumonia	la pneumonie	*la pne-mo-ni*
derrame cerebral	une attaque d'apoplexie	*ewn na-tak da-po-plek-si*
tuberculose	la tuberculose	*la tew-ber-kew-loz*

Lembre-se de fornecer ao médico qualquer informação pertinente que poderá ajudá-lo a atendê-lo bem. Você pode precisar de algumas das frases a seguir:

Eu tenho essa dor desde...
J'ai cette douleur depuis...
je set du-leewr de-pui

(Não) Há histórico familiar de...
Il (n') y a (pas) de fréquence de...
il (n) ia (pa) de fre-kahNs de

Eu (não) sou alérgico a...
Je (ne) suis (pas) allérgique à...
je (ne) sui (pa) za-ler-jik a

Eu tive ...	... há muitos anos.
J'ai eu ...	il y a ... ans.
je ew	*il ia ...ahN*

Eu estou tomando...	Estou grávida.
Je prends...	Je suis enceinte.
je prahN	*je suizahN-saNt*

Quer saber a gravidade do problema? Use as perguntas a seguir:

É sério?	É contagioso?
C'est grave?	C'est contagieux?
se grav	*sé kohN-ta-jiew*

Com que frequência devo tomar este remédio?
Combien de fois par jour faut-il prendre ce médicament?
kohN-biaN de fuá par jur fo til prahNdr se me-di-ka-mahN

Por quanto tempo devo permanecer de cama?
Combien de temps dois-je garder le lit?
kohN-biaN de tahN duaj gar-dê le li

Eu posso ter o recibo do meu seguro de saúde?
Puis-je avoir une quittance pour mon assurance maladie?
puij a-vuár ewn ki-tahNs pur mohN as-ew-rahNs ma-la-di

Há Quanto Tempo Isto Vem Acontecendo?

Os médicos sempre perguntam há quanto tempo você vem sentindo estes sintomas. Esta informação é extremamente importante para um diagnóstico correto. As frases na Tabela 14.4 sugerem várias maneiras como essas perguntas serão feitas e respondidas.

Tabela 14.4 Quanto Tempo Você Tem Se Sentido Assim?

Pergunta	Resposta
Desde quando ... Depuis quand ... *de-pui kahN*	Desde ... Depuis ... *de-pui*
Quanto tempo você tem estado ... Depuis combien de temps ... *de-pui kohN-biaN de tahN*	Por .....(tempo) ... Depuis ... *de-pui*
Quanto tempo você tem estado ... Combien de temps y a-t-il que ... *kohN-biaN de tahN i a-til ke*	Por ... Il y a + tempo + que ... *i lia ... ke ...*
Quanto tempo você tem estado ... Ça fait combien de temps que ... *sa fé kohN-biaN de tahN ke*	Por ... Ça fait + tempo + que ... *sa fé ... ke ...* Voilà + tempo + que *vua-lá ... ke ...*
Há quanto tempo você sofre de....? Depuis combien de temps souffrez-vous? *de-pui kohN-biaN de tahN su-frê vu*	Há três dias. Depuis trois jours. *de-pui truá jur*
Desde quando sofre de...? Depuis quand souffrez-vous? *de-pui kahN su-frê vu*	Desde ontem. Depuis hier. *de-pui iér*
Há quanto tempo sofre de...? Combien de temps y a-t-il que vous souffrez? *kohN-biaN de tahN i a-til ke vu su-frê*	Há dois dias. Il y a deux jours. *i lia dêew jur*
Há quanto tempo sofre de...? Ça fait combien de temps que vous souffrez? *sa fé kohN-biaN de tahN ke vu su-frê*	Já faz uma semana./ Há uma semana. Ça fait une semaine./ Voilà une semaine *sa fé ewn se-men/ vuá-lá ewn se-men*

Exercício Extra

Pratique uma conversa imaginária com um médico. Descreva como você se sente, seus sintomas e há quanto tempo se sente desta forma.

Verbos Reflexivos

O verbo reflexivo mostra que um sujeito está executando uma ação sobre si mesmo e pode sempre ser identificado pelo pronome *se* que acompanha o verbo. O sujeito e o pronome reflexivo *se* referem à(s) mesma(s) pessoa(s) ou coisa(s): *Ela se* machucou. *Eles se* deleitam.

Use os pronomes seguintes quando o verbo for reflexivo. Coloque estes pronomes na mesma posição como pronomes objetos diretos e indiretos:

Me (me, mim mesmo)	Nous (nos, nós mesmos)
Te (te, ti mesmo)	Vous (vós, vós mesmos)
Se (si, si mesmo)	Se (si, eles mesmos)
Je me lave.	Eu me lavo.
Ils se couchent tôt.	Eles vão pra cama cedo.

Na Farmácia

Em geral, quando viajar para fora do Brasil, você não deve esperar encontrar uma farmácia que tenha uma grande variedade de estoques existentes em muitas de nossas drogarias: artigos de papelaria, cartões, cosméticos, doce e utensílios domésticos. Na França, *a pharmacie* é identificada facilmente pela cruz verde em cima da porta. Lá se vende medicamentos com ou sem receita médica, itens para higiene pessoal e alguns cosméticos. Se a farmácia está fechada, procure por um aviso na porta indicando onde encontrar uma farmácia vizinha de plantão (*une pharmacie de garde*).

Uma *droguerie* vende produtos químicos, tintas, produtos de limpeza e acessórios (vassouras, vassouras de pano, baldes) e alguns produtos de higiene e beleza, mas não dispensa prescrição.

Uma *drugstore* como uma pequena loja de departamentos: ela contém itens de higiene pessoal, livros, revistas, jornais, mapas, guias, presentes e lembranças, mas não remédio prescrito. Além disso, você pode encontrar restaurantes *fast-food*, um bar e até mesmo um cinema.

Se você estiver de fato tentando encontrar uma farmácia mais próxima, poderá perguntar:

> Onde fica a farmácia mais próxima?
> Où est la pharmacie la plus proche?
> *u é la far-ma-si la plew proch*

Quando você fala com o farmacêutico, deve dizer:

> Você poderia despachar uma receita (imediatamente)?
> Pourriez-vous exécuter (tout de suíte) cette ordonnance, s'il vous plaît?
> *pu-riê vu e-ze-kew-tê (tut suit) set or-do-nahNs sil vu plé*

Quanto tempo demorará?
Ça prendra combien de temps?
sa prahN-dra kohN-bianN de tahN

Para itens que não requerem receita médica, consulte a Tabela 13.5, pois ela ajudará a encontrar. Comece dizendo ao vendedor:

*Je cherche... (je cherch/*Estou procurando ...)

Tabela 14.5 Itens da Drogaria

Português	Francês	Pronúncia
álcool	de l'alcool	*de lal-kol*
antiácido	un anti-acide	*ahN nahN-ti a-sid*
anti-histamínico	un antihistaminique	*ahN nahn-tis-tahmi-nik*
antisséptico	un antiseptique	*ahN nahN-ti-sep-tik*
aspirinas	des aspirines	*de zas-pi-rin*
bandagem	des pansements (*m.*)	*de pahNs-mahN*
Band-aid	un pansement adhésif	*ahN pahNs-mahN a-de-zif*
grampo de cabelo	des épingles à cheveux (*f.*)	*de ze-paNgl a che-veew*
garrafa	un biberon	*ahN bi be-rohN*
escova	une brosse	*ewn bros*
creme de limpeza	une crème démaquillante	*ewn krem de-ma-ki-lahNt*
pente	un peigne	*ahN penh*
preservativos	des préservatifs (*m.*)	*de pre-zer-va-tif*
algodão (absorvente)	du coton/ de l'ouate	*dew ko-tohN/ de luat*

Continua...

Tabela 14.5 Itens da Drogaria (continuação)

Português	Francês	Pronúncia
pastilha contra a tosse	des pastilles contre/ la toux (*f.*)	*de pas-ti-ie kohNtr la tu*
xarope	le sirop contre la toux	*le si-rop kohNtr la tu*
desodorante	du déodorant	*dew de-o-do-rahN*
fraldas (descartáveis)	des couches (disponibles) (*m.*)	*de kuch (dis-po-nibl)*
lixas para unhas	des limes à ongles	*de lime à ohNgl*
colírio	les gouttes pour les yeux, du collyre	*le gut pur le ziew, dew ko-lir*
gaze	des bandes de gaze (*f.*)	*de bahnd de gaz*
almofada elétrica para aquecimento	un thermoplasme	*ahN ter-mo-plazm*
compressa de gelo	une vessie de glace	*ewn ve-si de glas*
laxante (moderado)	un laxatif (léger)	*ahN lak-sa-tif (le-gér)*
maquiagem	du maquillage	*dew ma-ki-aj*
enxaguante bucal	un dentifrice	*ahN dahN-ti-fris*
cortador de unhas	un coupe-ongles	*ahN kup ohNgl*
removedor de esmalte	du dissolvant	*dew di-sol-vahn*
gotas nasais	des gouttes nasales (*f.*)	*de gut na-zal*
chupeta	une sucette	*ewn sew-set*
barbeador (elétrico)	un rasoir (électrique)	*ahN ra-zuár (é-lek-trik)*
lâminas de barbear	des lames de rasoir (*f.*)	*de lam de ra-zuár*
alfinete de segurança	des épingles de sûreté (*f.*)	*de ze-paNgl de sew-re-tê*
absorvente higiênico	des serviettes hygiéniques (*f.*)	*de ser-vi-ét i-ji-e-nik*

Continua...

Continuação...

Português	Francês	Pronúncia
xampu (anticaspa)	du shampooing (anti-pellicules)	*dew shahN-poaN (ahN-ti pe-li-kewl)*
creme de barbear	de la crème à raser	*de la krem a ra-zê*
pílulas para dormir	des somnifères (*m.*)	*de som-ni-fer*
sabonete	une savonette	*ewn sa-vo-net*
bronzeador	de la lotion solaire	*de la lo-siohN so-ler*
talco	du talc	*dew talk*
absorvente interno	des tampons périodiques (*m.*)	*de tahN-pohN pe-ri-o-dik*
termômetro	un thermomètre	*ahN ter-mo-metr*
lenços de papel	des mouchoirs en papier (*m.*)	*de muchár ahN pa-piê*
escova de dente	une brosse à dents	*ewn bros a dahN*
pasta de dente	de la pâte dentifrice	*de la pat dahN-ti-fris*
pinça	une pince à épiler	*ewn paNs a e-pi-lê*
vitaminas	des vitamines (*f.*)	*de vi-ta-min*

Itens Especiais

Para informações ou para o aluguel de itens para portadores de necessidades especiais, listados na Tabela 13.6, vá à farmácia especializada em *la location d'appareils médiaux (la lo-ka-siohN da-pa-rei me-diô).*

> Onde posso encontrar...?
> Ou puis-je obtenir...?
> *u puij ob-te-nir*

Tabela 14.6 Necessidades Especiais

Português	Francês	Pronúncia
atadura	une attelle	*ewn a-tel*
bengala	une canne	*ewn kan*
muleta	des béquilles	*de be-ki-ie*
andador	un déambulateur	*ahN de-ahN-bew-la-téewr*
cadeira de rodas	un fauteuil roulant	*ahN fo-tei ru-lahN*

Exercício Extra

Coloque etiquetas em francês em seu kit de farmácia pessoal. Toda vez que você abrir o kit de farmácia, memorize pelo menos dois itens que você usa frequentemente.

Capítulo 15

Cuidando dos Negócios

Neste Capítulo

- Como fazer uma ligação telefônica
- Checando seus e-mails
- Faxes, cópias e computadores

A realização de negócios em um país estrangeiro é sempre um desafio. É importante saber como fazer uma ligação telefônica, enviar uma carta, comprar material de escritório e lidar com fax e cópias. Entender informática em qualquer língua é provavelmente uma das habilidades mais importantes que você precisa ter. Este capítulo o ajudará a lidar com tudo isso.

Ligações Telefônicas

Se você planeja fazer chamadas de longa distância de um país estrangeiro, espere que alguém explique como usar o sistema telefônico local É bastante provável também que os procedimentos para a realização de chamadas locais sejam diferentes do que você está acostumado a fazer. Certifique-se de expressar corretamente o tipo de chamada que você quer fazer.

Telefones públicos estão localizados em algumas agências de correio, cafeterias, lojas nas ruas das grandes cidades. A Tabela 15.1 lhe fornece algumas opções.

Tabela 15.1 Tipos de Chamadas Telefônicas

Português	Francês	Pronúncia
ligação a cobrar	la communicationen P.C.V.	*la ko-mu-ni-ka-siohN ahN pe-se-ve*
ligação por cartão de crédito	la communication par carte de crédit /	*la ko-mew-ni-ka-siohN par kart de kre-di*
ligação local	la communication locale	*la ko-mew-ni-ka-siohN lo-kal*
ligação de longa distância	la communication interurbaine	*la ko-mew-ni-ka-siohN aN-te-rewr-behn*
ligação para fora do país	la communication à l'étranger	*la ko-mew-ni-ka-siohN à le-trahN-jê*
ligação direta	la communication avec préavis	*la ko-mew-ni-ka-siohN a-vek pre-a-vi*

A Tabela 15.2 fornece as palavras que ajudarão a entender as expressões francesas para fazer uma ligação.

Tabela 15.2 Como Fazer Uma Ligação

Português	Francês	Pronúncia
chamar	téléphoner, appeler	*te-le-fo-nê, ap-lê*
retornar a ligação	rappeler, retéléphoner	*rap-lê, re-te-le-fo-nê*
discar	composer (faire) le numéro	*kohN-po-zê (fér) le new-me-rô*
desligar	raccrocher, quitter	*ra-kro-chê, ki-tê*
inserir o cartão	introduire la carte	*aN-tro-duir la kart*

Continua...

Continuação...

Português	Francês	Pronúncia
saber o código de área	savoir l'indicatif, du pays (país), de la ville (cidade)	*sa-vuár lahN-di-ka-tif, dew pai, de la vil*
deixar uma mensagem	laisser un message	*le-sê ahN me-saj*
ouvir o sinal de discagem	attendre la tonalité	*a-tahNdr lah to-na-li-tê*
atender (uma ligação)	décrocher	*de-kro-chê*
telefonar	téléphoner, appeler par téléphone	*te-le-fo-nê, ap-lê par te-le-fon*

Conversa Telefônica

Entender o seu interlocutor ao telefone em uma língua estrangeira é muito mais difícil do que as conversas cara a cara, porque você não consegue observar a linguagem corporal de uma pessoa. Além disso, os telefones tendem a distorcer vozes e sons. Seria importante você se familiarizar com as expressões utilizadas ao fazer e atender uma chamada telefônica. A Tabela 15.3 mostrará como começar uma conversa telefônica.

Ligando	Respondendo
alô allô *(a-lo)*	alô allô *(a-lo)*
É da casa de ... Je suis bien chez ... ? *(je sui byaN che)*	Quem está falando? Qui est à l'appareil? *(ki é a la-pa-rei)*
É... C'est... *(sé)*	Aqui é... Ici... *(i-si)*
É ... está (*aí*) ... est là? *(é lá)*	Não desligue. Ne quittez (quitte) pas. *(ne ki-tê (kit) pa)*
	Só um minuto. Un moment/ *(ahN mo-mahN)/*
Eu gostaria de falar com ... Je voudrais parler à ... *(je vu-dré par-lê)*	Ele (ela) não está aqui. Il (elle) n'est pas là *(il [el] né pa lá)*
Quando ele (ela) voltará? Quand sera-t-il (elle) de retour? *(kahN se-ra-til [tel] de re-tur)*	Você quer deixar recado? Voulez-vous (veux-tu) laisser un message? *(vu-lê vu [vêew-tew] le-sê ahN me-saj)*
Ligarei mais tarde. Je vais rappeler plus tard. *(je vé rap-lê plew tar)*	

Atenção!

Use *allô* para dizer "alô" quando atender ao telefone. *Bonjour* é usado ao cumprimentar alguém pessoalmente.

Problemas

Você não consegue se comunicar corretamente? Você deve dizer ou ouvir as seguintes frases ao se deparar com problemas:

Que número você ligou?
Vous demandez quel numéro?
vu de-mahN-dê kel nu-me-rô

É engano.
C'est une erreur.
sé tewn e-réewr

(Eu liguei) você ligou para o número errado.
(J'ai) Vous avez le mauvais numéro.
(je) vu za-vê le mo-vé nu-me-rô

Qual é o problema?
Quel en est le problème?
kel ahN é le problem

A ligação caiu (sem sinal).
On nous a coupés.
ohN nu za ku-pê

Por favor, disque o número novamente.
Recomposez le numéro, s'il vous plaît.
re-kohN-po-sê le new-me-rô sil vu plé

O telefone está quebrado.
Le téléphone est en panne (hors de service).
le te-le-fon é tahN pan (tor dser-vis)

A ligação está ruim.
Il y a beaucoup de parasites sur la ligne.
i lia bo-ku de pa-ra-zit sewr la linh

Celulares

Agora que o uso do celular se tornou tão popular, aqui estão algumas frases úteis ao viajar para o exterior:

Não consigo encontrar meu celular. Você o viu?
Je ne trouve pas mon téléphone portable. L'avez-vous (L'as-tu) vu?
je ne truv pa mohN te-le-fo-ne por-tabl. la-vê-vu (la tew) vew

É possível enviar mensagens daqui?
Est-ce possible envoyer des messages de texte d'ici?
é po-sibl ahN-vuá-iê de me-saj de tekst di-si

Eu preciso de um carregador (para) recarregar meu celular.
Il me faut um chargeur pour recharger mon téléphone portable.
il me fô un cha-jéewr pur rechar-jê mohN te-le-fo-ne por-tabl

Eu preciso de um carregador de bateria USB.
Il me faut une batterie USB rechargeable.
il me fo ewn bat-ri ew-es be re-char-chabl

Você tem fones de ouvido?
Avez vous des oreillettes sans fil (oreillettes mains libres Bluetooth)?
A-vê vu de o-rei-iet sahN fil (zo-rei-iet maN libr Bluetooth)

Então Eu Vou Escrever

É muito mais barato enviar uma carta do que uma ligação de longa distância. A Tabela 15.4 fornece o vocabulário necessário para escrever uma carta.

Tabela 15.4 Termos de Correios e Correspondências

Português	Francês	Pronúncia
Endereço	l'addresse *(f.)*	*la-dres*
Destinatário	le destinataire	*le des-ti-na-tér*
Aerograma	l'aérogramme *(m.)*	*la-e-ro-gram*
Envelope	l'enveloppe *(f.)*	*lahN-ve-lop*
Carta	la lettre	*la letr*
Caixa de (Correio)	la boîte aux lettres	*la buát o letr*
Ordem de pagamento	le mandat-poste	*le mahN-da post*
Pacote	le paquet	*le pa-ke*
Cartão postal	la carte postale	*la kart pos-tal*
Porte	l'affranchissement *(m.)*	*la frahN-chis-mahN*
Código postal	le code postal (régional)	*le kod pos-tal (re-jio-nal)*
Tarifa	le tarif	*le ta-rif*
Folha de selos	la feuille de timbres	*la fei-ie de taNbr*
Selos	le timbre	*le taNbr*

Na França, muitas agências de correios abrem antes das 8h, fecham por volta das 19h e fecham para o almoço por até duas horas! Há uma agência principal em Paris que está sempre aberta. Os selos podem ser adquiridos em cafeterias, tabacarias e hotéis. Se você não quiser fazer uma viagem até os correios, procure uma caixa amarela.

Guia de Serviços

Você escreveu todas as cartas e cartões postais que se sentiu obrigado a escrever e agora está pronto para enviá-los. Se você não sabe onde há uma agência de correio ou caixa de correio, basta perguntar:

Onde fica o correio mais próximo (caixa de correio)?
Oú se trouve (est) le bureau de poste le plus proche (la boîte aux lettres la plus proche)?
u se truv (é) le bew-ro de post le plew prosh (la buát ô letr la plew proch)

Dependendo do tipo de cartas ou pacotes que você quer enviar, são necessários formulários especiais, papelada, e tarifas de postagens. É importante saber como perguntar sobre o tipo de serviço que você precisa.

Qual é a tarifa de postagem para ...?
Quel est le tarif de l'affranchissement pour ...?
kel é le ta-rif de la-frahN-chis-mahN pur

Exterior	Brasil
l'étranger	Brésil
le-trahN-gê	*bre-zil*

Uma carta aérea.
une lettre envoyé par avion
ewn letr ahN-vuaiê par aviohN

Uma carta registrada.
une lettre recommandée
letr re-co-mahN-dê

Uma carta expressa.
une lettre par exprès
ewn letr par esk-pré

Eu gostaria de enviar esta carta (este pacote)...
Je voudrais envoyer cette lettre (ce paquet)...
je vu-dré ahN-vuá-iê set letr (se pa-kê)

Por correio normal.
Par courrier régulier
par ku-riê re-gew-liê

Por avião.
Par avion.
par avi-ohN

Por entrega especial.
Par exprès
par eks-pré

P.C.E. (Pagamento contra-entrega)
livrable contre remboursement
(payable à l'arrivée)
li-vrabl kohNtr rahN-burs-mahN
(pe-iabl a lah-ri-vê)

Quanto pesa esta carta (este pacote) ?
Combien pèse cette lettre (ce paquet)?
kohN-biaN péz set letr (se pa-kê)

Quando chega?
Quand arrivera-t-il (elle)?
kahN ari-ve-rá til (tel)

Faxes, Cópias e Computadores

Se você quer que seu negócio corra bem, simplesmente não pode viver sem esses três itens essenciais: faxes, copiadoras e computadores. Use as frases das seções seguintes para ajudá-lo a operar essas máquinas em seus negócios.

Fazer Cópias

Recentemente, saí do país para obter material para este livro. Eu importunei um monte de gente, mas consegui quase tudo de que eu precisava. Infelizmente, quando fui ao centro de negócios do hotel para fazer cópias, todas as máquinas estavam quebradas. Então fui à copiadora mais próxima. Se isso acontecer com você, aqui está o que você deve dizer:

Eu gostaria de tirar uma cópia deste papel (deste documento).
Je voudrais faire une photocopie de ce papier (ce document).
je vu-dré fér ewn fo-to-co-pi de se pa-piê (se do-kew-mahN)

Qual é o preço por página?
Quel est le prix par page?
kel é le pri par paj

Você poderia ampliá-lo (em 50%)?
Pouvez-vous l'élargir (de cinquante pour cent)?
pu-vê-vu e lar-gi (de saN sahNk pur sahN)

Você poderia reduzi-lo (em 25%)?
Pouvez-vous le réduire (de vingt-cinq pour cent)?
pu-vê vu le re-du-ir (de VaN saNk pur sahN)

Você poderia fazer uma cópia colorida (disto)?
Pouvez-vous (en) faire une copie en couleurs?
pu-vê vu (ahN) fér ewn ko-pi ahN ku-léewr

Enviar um Fax

Vamos encarar de frente, uma máquina de fax pode ser tão importante quanto um telefone. Transmitindo e recebendo mensagens ou informações em segundos ou minutos você pode ganhar tempo para a realização de negócios. Isso se traduz em maior ganho de renda. Se você estiver realizando negócios em um país de língua francesa, será muito bom entender o funcionamento do fax.

Você tem um fax?
Avez-vous un télécopieur?
a-vê vu ahN te-le-co-pi-eewr

Qual é o número do seu fax?
Quel est le numéro de votre télécopieur?
kel é le new-me-rô de votre te-le-co-pi-eewr

Eu gostaria de enviar um fax.
Je voudrais transmettre une télécopie.
je vu-dré trahNs-metr uwn te-le-co-pi

Eu posso enviar esta carta (documento) (para você)?
Puis-je (vous) transmettre une télécopie de cette lettre (de ce document)?
puij (vu) trahNs-metr uwn te-le-co-pi de set letr (de se do-kew-mahN)

Envie uma cópia disto por fax.
Envoyez-m'en (Envoie-m'en) une télécopie.
ahN-vua-iê mahN (ahN-vuá mahN) ewn te-le-ko-pi

Eu não recebi seu fax.
Je n'ai pas reçu votre télécopie.
je ne pa re sew votr te-le-co-pi

Você recebeu meu fax?
Avez-vous reçu ma télécopie?
a-vê vu re-su ma te-le-ko-pi

O seu fax está ilegível.
Votre télécopie n'est pas lisible.
votr te-les-ko-pi né pa li-zibl

Por favor, envie-me novamente.
Veuillez la transmettre de nouveau.
ve-iew la trahNs-metr de nu-vô

Por favor, confirme o recebimento do meu fax.
Veuillez confirmer la réception de ma télécopie.
ve-iew kohN-fir-mê la ke-sep-siohN de ma te-le-ko-pi

Eu Sou um Gênio da Computação

No ritmo acelerado do mundo atual, você precisa ter algum conhecimento de informática a fim de conduzir o seu negócio. É importante saber qual o sistema, programas e periféricos que outras empresas utilizam. Será que seus processadores de texto e planilhas são compatíveis? Você tem rede? As frases que se seguem o ajudarão, mesmo que você não seja um gênio da computação.

Que tipo de computador você tem?
Quel système (type, genre) d'ordinateur avez-vous?
kel sis-tem (tip, jahNr) dor-di-na-téewr a-vê vu

Qual é o sistema operacional que você utiliza?
Quel système opérant employez-vous?
kel sis-tem o-pe-rahN ahN-plo-iê-vu

Qual é o processador de texto que você utiliza?
Quel système de traitement de texte employez-vous?
kel sis-tem de tret-mahN de tekst ahN-plua-iê-vu

Qual é o programa de planilha que você utiliza?
Quel tableur employez-vous?
kel ta-bleewr ahN plu-iê vu

Qual é o periférico que você utiliza?
Quels périphériques avez-vous?
kel pe-ri-fik a-vê-vu

Qual é a senha?
Quel est le mot de passe?
kel é le new-me-ro de pas

Eu preciso de um cartão Wi-fi.
Il me faut une carte Wi-fi.
il me fo tewn kart wi-fi

Eu tenho um notebook sem fio.
J'ai un ordinateur portable sans fil.
je ahN or-di-na-teewr por-tabl sahN fil

Eu preciso de uma conexão de internet sem fio.
Il me faut une connexion Internet sans fil.
il me fo tewr ko-nek-siohN aN-ter-net sahN fil

Como eu posso ativar (comprar) uma conta Wi-fi online?
Comment peux-je activer (acheter) um compte Wi-fi en ligne?
Ko-mahN peewj ak-tivê (ach-tê) ahN kohNt wi-fi ahN linh

Onde tem um cyber-café mais próximo?
Où est le café Internet (hotspot) le plus proche?
u é le ka-fê aN-ter-net (ot-spot) le plew proch

Onde eu posso encontrar uma lista de locais com Wi-fi?
Où peux-je trouver um annuaire des hotspot?
u puij tru-vê ahN a new ér de ot-spot

Você tem acesso à internet sem fio?
Avez vous accès à l'internet par Wi-fi?
a-vê vu ak sé a laN-ter-net

Eu tenho um BlackBerry. Posso utilizá-lo aqui?
J'ai un BlackBerry. Peux-je l'utiliser ici?
je ahN BlackBerry. Peewj lew-ti-li-zê i-si

Atenção!

O termo atual popular para e-mail em francês é *courriel*. Corresponde à combinação das palavras *courrier* (correio) e eletrônico. A palavra que corresponde a *spam* é *le pourriel*. O verbo francês *pourrir* significa "apodrecer".

Apêndice A

Expressões Idiomáticas

Uma expressão idiomática é uma expressão cujo sentido não pode ser facilmente compreendido apenas pela gramática ou significado das palavras. Apesar de parecerem ilógicas, elas permitem falar e expressar-se em uma língua estrangeira como um falante nativo.

Algumas expressões são formadas com verbos. Para usá-las, basta conjugar o verbo, concordando com o sujeito. Certifique-se de conjugar corretamente os verbos (passado, presente e futuro), ou modo (indicativo, condicional, subjuntivo).

Francês	Pronúncia	Português
apprendre par coeur	*a-prahNdr par coewr*	memorizar
avoir ... ans	*a-vuár ... ahN*	ter ... anos
avoir besoin (de)	*a-vuár be-zoaN de*	precisar
avoir chaud	*a-vuár cho*	sentir calor
avoir envie (de)	*a-vuár ahN-vi (de)*	ter necessidade de
avoir faim	*a-vuár faN*	estar com fome
avoir froid	*a-vuár fruá*	estar com frio
avoir lieu	*a-vuár liew*	acontecer

Continua...

Continuação...

Francês	Pronúncia	Português
avoir mal (à + parte do corpo)	*a-vuár mal*	sentir dor
avoir peur (de)	*a-vuár péewr*	ter medo de
avoir raison	*a-vuár re-zohN*	estar certo
avoir soif	*a-vuár suáf*	ter sede
avoir tort	*a-vuár tor*	estar errado
avoir de la chance	*a-vuár de la chahNs*	ter sorte
avoir l'habitude de	*a-vuár la-bi-tewd de*	estar acostumado a
avoir l'intention de	*a-vuár laN-tahN-siohN de*	ter intenção de
avoir l'occasion de	*a-vuár lo-ka-ziohN de*	ter a oportunidade de
avoir le temps de	*a-vuár le tahN de*	ter tempo de
donner sur	*do-nê sewr*	olhar, ter cuidado com
être à	*étr a*	pertencer a
être d'accord (avec)	*étr da-kor*	concordar (com)
être en train de	*étr ahN traN de*	estar ocupado (fazendo algo)
être sur le point de	*étr sewr le poaN de*	estar prestes a
y être	*i étre*	entender
faire beau	*fér bo*	tempo bom
faire chaud	*fér cho*	calor
faire du vent	*fér dew vahN*	ventar
faire frais	*fér fré*	fresco
faire froid	*fér fruá*	frio
faire mauvais	*fér mo-vé*	tempo ruim
faire attention (à)	*fér a-tahN-siohN (a)*	prestar atenção (a/)
faire des achats	*fér de-sa-chá*	fazer compras

Continua...

Continuação...

Francês	Pronúncia	Português
faire la connaissance de	*fér la ko-ne-sahNs de*	familiarizar-se (com)
faire une partie de	*fér ewn par-ti de*	jogar uma partida de
faire une promenade	*fér ewn pro-me-nad*	andar, dar um passeio
faire un voyage	*fér ahN vo-i-aj*	fazer uma viagem
n'en pouvoir plus	*nahN pu-vuár plew*	estar exausto
valoir la peine (de + inf.)	*va-luár la pén (de)*	valer a pena
valoir mieux	*va-luár mi-eew*	estar melhor
venir de	*ve-nir de*	vir de (no presente e imperfeito)
Vouloir dire	*vu-luár dir*	significar

Atenção!

O verbo valoir (valer) é irregular. Ele é frequentemente usado na terceira pessoa do singular: il vaut *(il vo)* para expressar "vale a pena":

Il vaut la peine d'étudier.
il vo la pen de-tew-di-ê
Vale a pena estudar.

Abaixo, alguns exemplos de como usar essas expressões idiomáticas. Observe como devem ser usados os diferentes sujeitos, tempos e modos:

Je n'en peux plus.
je nahN peew plew
Estou exausto.

Qu'est-ce que ça veut dire?
kesk sa vêew dir
O que isso significa?

Ils venaient d'arriver.
il ve-né da-ri-vê
Eles acabaram de chegar.

Il doit faire attention.
il duá fér a-tahN-siohN a
Ele quer chamar a atenção.

Algumas expressões idiomáticas iniciam com preposições e se referem ao tempo, viagem, local e direção. Outras permitem que você expresse seus sentimentos e opiniões sobre algo. A lista a seguir fornece expressões comuns muito úteis.

Francês	Pronúncia	Português
à (com expressão de tempo)	*a*	tchau, até
à demain	*a d-maN*	até amanhã
à jamais	*a ja-mé*	para sempre
à l'heure	*a léewr*	em tempo
à partir de	*a par-tir de*	a partir de, no início (com)
à peu près	*a peew pré*	próximo, cerca de, aproximadamente

Continuação...

Francês	Pronúncia	Português
à propos de, au sujet de	*a pro-po de, o sew-jê de*	sobre, de acordo com
à quoi bon (+ infinitivo)?	*a kuá bohN*	para que serve?
à tout à l'heure	*a tu-ta léewr*	vejo você daqui a pouco
au contraire	*o kohN-trér*	ao contrário
au revoir	*o re-vuár*	até logo
bien entendu, bien sûr	*byaN nahN-tahN-dew, byaN sewr*	claro
bon marché	*bohN mar-chê*	barato
C'est entendu.	*sé tahN-tahN-dew*	De acordo. Tudo certo.
c'est-à-dire	*sé ta dir*	em outras palavras
Cela m'est égal.	*sé-la mé-te-gal*	Não faz diferença para mim. É tudo a mesma coisa para mim.
d'abord	*da-bor*	primeiro, em primeiro lugar
D'accord.	*da-kor*	Ok, de acordo.
de bonne heure	*de bon héewr*	cedo
de la part de	*de la par de*	da parte de
de nouveau	*de nu-vô*	de novo
de quelle couleur?	*de kel ku-léewr*	de que cor?
De rien.	*de ryaN*	De nada.
Il n'y a pas de quoi	*il ni a pa de kuá*	não há de que
en effet	*ahN ne-fé*	(sim) de fato, para falar a verdade
en même temps	*ahN mem tahN*	ao mesmo tempo
en retard	*ahN re-tar*	tarde (= atrasado)
en tout cas	*ahN tu ka*	em todo caso

Continua...

Continuação...

Francês	Pronúncia	Português
encore une fois	*ahN-kor ewn fuá*	novamente
et ainsi de suite	*e ahN-si de suit*	e assim por diante
grâce à	*gras a*	graças a
il y a + tempo	*il i a*	tempos atrás
meilleur marché	*mei-iéewr mar-chê*	mais barato
n'importe	*naN-port*	sem problemas
par conséquent	*par kohN-se-kahN*	consequentemente
par exemple	*par eg-zahNpl*	por exemplo
par hasard	*par azar*	por acaso
peu à peu	*peew a peew*	pouco a pouco, gradualmente
peut-être	*peew-étr*	talvez
quant à	*kahN ta*	quanto a, conforme
quel	*kel*	qual, o que
sans doute	*sahN dut*	sem dúvida
s'il vous plait	*sil vu plé*	por favor
tant mieux	*tahN mi-ew*	quanto mais melhor
tant pis	*tahN pi*	tanto faz
tous (les) deux	*tu (le) dêew*	ambos
tout a (d'un) coup	*tu ta (dahN) ku*	de repente
tout à fait	*tu-ta fé*	completamente
tout de même	*tu de mem*	tudo igual
tout de suite	*tu de suit*	imediatamente
tout le monde	*tu le mohNd*	todos

Abaixo, alguns exemplos de uso dessas expressões idiomáticas:

Au revoir. À demain.
o re-vuár a de-mahN
Adeus, até logo. Vejo você amanhã.
Je le répéterai encore une foi.
je re-pe-te-re ahN-kor ewn fuá
Eu vou repetir novamente.

Il parle de la part de son frère.
il parl de la par de sohN frér
Ele fala da parte do seu irmão.

Je te rappelle toute de suite.
je te ra-pel tu de suit
Vou ligar imediatamente.

As frases a seguir podem ser consideradas gírias leves:

Português	Francês	Pronúncia
Grande ideia!	Tu parles!	*tew parl*
Corta essa!	Ca suffit!	*sa sew-fi*
Sai daqui!	Va-t'en!	*va-tahN*
Nada mal!	Bon debarras!	*bohN de-ba-ra*
Não consigo superar isso!	Je n'en reviens pas!	*je nahN re-vi-ahN pa*
Estou farto disso!	Ras le bol!	*ra le bol*
Não aguento mais isso!	J'en ai marre!	*jahN ne mar*
Sair sem dizer nada.	Il va sans dire.	*il va sahN dir*
É um prazer!	Je vous en prie.	*je vu zahN pri*

Continua...

Continuação...

Português	Francês	Pronúncia
Não vale a pena.	Ça ne vaut pas la peine.	*sa ne vo pa la pen*
Mantenha a calma!	Reste convert!	*rest ku-ver*
Parem com isso!	Assez de betises!	*a-sê de be-tize*
Me deixe em paz!	Laisse-moi tranquille!	*lés-muá trahN-kil*
Decida-se!	Decide-toi!	*de-sid-tuá*
Cuide da sua vida!	Mêle-toi de tes affaires!	*mel-tuá de te sa-fér*
Não importa!	N'importe.	*naN-port*
Sério?	Sans blague?	*saN blag*
De jeito nenhum!	Pas question!	*pa kes-tiohN*
Claro!	Bien sûr!	*byaN sewr*
Ah, não!	Mais non!	*me nohN*
Que vergonha!	Honte à toi!	*ohN ta tuá*
Graças a Deus!	Grâce au ciel!	*gras o siel*
Isso incomoda!	Ça m'inquiète!	*sa maN-kiet*
Isso enlouquece!	Ça me fait rager!	*sa me fe ra-jê*
Isso já está indo longe demais!	Cela dépasse les bornes!	*se-la de-pas le born*
Essa foi a gota d'água!	Ça, c'est le comble!	*sa sé le kohNbl*
Sem dúvidas.	Il n'y a pas de doute.	*il ni a pa de dut*
Uau!	Oh là là!	*oh lah lah*
Pode apostar!	Un peu!	*ahN peew*
Repete isso!	C'est le cas de le dire!	*sé le ka de le dir*
Você está brincando!	Tu parles!	*tew parl*
Você está me deixando louco!	Tu me rends fou (folle)!	*tew me rahN fu (fol)*
Você é demais!	C'est trop fort!	*seh tro for*

Apêndice B

Dicionário Francês-Português

Francês	Pronúncia	Português
à	*a*	para, a (o)
aider	*e-dê*	ajudar
ail *m.*	*ai*	alho
aimer	*e-mê*	gostar, amar
alcool *m.*	*al-kol*	álcool
aliments *m.*	*a-li-mahN*	alimento(s)
Allemagne *f.*	*a-le-mahN*	Alemanha
aller	*a-lê*	ir
alors	*a-lor*	então
ami *m.*	*a-mi*	amigo(a)
an *m.*	*ahN*	ano
Angleterre *f.*	*ahN-gl-ter*	Inglaterra
année *f.*	*ahN-nê*	ano
annuaire *m.*	*a-new-ér*	agenda telefônica
août *m.*	*u (t)*	agosto
apporter	*a-por-tê*	trazer
après	*a-pré*	após
argent *m.*	*ar-jahN*	dinheiro
arrêt de bus *m.*	*a-ré de bews*	ponto de ônibus
ascenseur *m.*	*a-sahN-sewr*	elevador
assez de	*a-sê de*	suficiente
assiette *f.*	*a-si-ét*	prato
atelier m.	*a-te-liê*	estúdio

Continua...

continua

Continuação...

Francês	Pronúncia	Português
attendre	*a-tahNdr*	esperar (por)
atterrir	*a-te-rir*	aterrissar (avião)
au	*o*	à, ao
au fond (de)	*o fohN (de)*	parte inferior (atrás) (de)
au haut (de)	*o o (de)*	em cima (de)
au lieu (de)	*o liew (de)*	ao invés (de)
au-dessous de	*o de-su de*	abaixo
au-dessus de	*o de-sew de*	acima
aujourd'hui *m.*	*o-jur-dui*	hoje
aussi	*o-si*	também
automne *m.*	*o-ton*	outono
aux	*o*	aos
avant	*a-vahN*	antes
avertissement *m.*	*a-ver-tis-mahN*	advertência
avion *m.*	*a-viohN*	avião
avoir	*a-vuár*	ter
avoir besoin (de)	*a-vuár be-soahN (de)*	ter necessidade
avoir chaud	*a-vuár cho*	sentir calor (pessoa)
avoir envie (de)	*a-vuár ahN-vi (de)*	necessitar
avoir faim	*a-vuár faN*	faminto(a)
avoir froid	*a-vuár fruá*	sentir frio (pessoa)
avoir lieu	*a-vuár liew*	acontecer
avoir mal à	*a-vuár mal a*	sentir dor
avoir peur (de)	*a-vuár péewr (de)*	ter medo (de)
avoir raison	*a-vuár re-zohN*	estar certo
avoir soif	*a-vuár suáf*	ter sede
avoir sommeil	*a-vuár so-mei*	estar com sono
avoir tort	*a-vuár tor*	estar errado
avoir ... ans	*a-vuár ... ahN*	ter ... anos

Continua...

Continuação...

Francês	Pronúncia	Português
avril *m.*	*a-vril*	abril
bateau *m.*	*ba-tô*	barco
beau (belle)	*bo (bel)*	lindo, bonito
beaucoup (de)	*bo-ku (de)*	muito
beurre *m.*	*béewr*	manteiga
bien	*byaN*	bem
bien sûr	*byaN sewr*	claro, obviamente
bientôt	*byaN-to*	logo
bière *f.*	*biér*	cerveja
bifteck *m.*	*bif-tek*	carne
bijouterie *f.*	*bi-ju-t-ri*	joalheria
billet *m.*	*bi-iê*	bilhete
blanc(he)	*blahN (ch)*	branco
blanchisserie *f.*	*blahN-chis-ri*	lavanderia
bleu	*bleew*	azul, malpassado
boeuf *m.*	*boewf*	boi
boire	*buár*	beber
boisson *f.*	*buá-sohN*	bebida
boîte *f.*	*buát*	caixa, lata
boîte de nuit *f.*	*buát de nuit*	casa noturna
bol *m.*	*bol*	tigela
bon marché	*bohN mar-chê*	barato
bon(ne)	*bohN (bohn)*	bom
bonbon m.	*bohN-bohN*	bala
bonjour	*bohN-jur*	bom dia
bonsoir	*bohN-suár*	boa noite
boucher (bouchère)	*bu-cher (bu-chér)*	açougueiro
boulanger (-ère)	*bu-lahn-ger (gér)*	padeiro
bouteille *f.*	*bu-tei-iê*	garrafa
briquet *m.*	*bri-kê*	isqueiro
brosse *f.*	*bros*	escova
brosse à dents *f.*	*bros a dahN*	escova de dente

Continua...

Continuação...

Francês	Pronúncia	Português
brouillard m.	*bru-i-ar*	nevoeiro
brun	*bruhN*	marrom
bureau de change *m.*	*bew-ro de chahNj*	casa de câmbio
bureau de tabac *m.*	*bew-ro de ta-ba*	tabacaria
c'est	*sé*	é isso
c'est entendu	*sé tahN-tahN-dew*	entendido, certo
c'est-à-dire	*sé-ta-dir*	em outras palavras
ça	*sa*	isso, essa, isto, esta
ça va	*sa va*	tudo bem
caisse *f.*	*kés*	caixa
canard *m.*	*ka-nar*	pato
carré d'agneau *m.*	*ka-rê da-nhô*	costelas de cordeiro
carte *f.*	*kart*	cardápio, carta
carte postale *f.*	*kart pos-tal*	cartão postal
ce	*se*	este, esta
ceinture *f.*	*sahN-tewr*	cinto
cela	*se-la*	aquele, aquela
cent	*sahN*	cem
cerise m.	*se-riz*	cereja
ces	*se*	aqueles, aquelas
cet	*set*	este, esta, esse, essa
cette	*set*	este, esta, esse, essa
chaise *f.*	*chéz*	cadeira
champignon *m.*	*chahN-pi-nhohN*	cogumelo
chapeau *m.*	*cha-pô*	chapéu
chariot *m.*	*cha-riô*	carrinho
charuterie *f.*	*char-kew-te-ri*	delicatessen
chaussettes *f.*	*cho-set*	meias
chaussures *f.*	*cho-sewr*	sapatos
chemise *f.*	*che-miz*	camisa (masculina)
chemisier *m.*	*che-mi-ziê*	blusa
cher (chère)	*cher*	querido(a)

Continua...

Continuação...

Francês	Pronúncia	Português
chercher	*cher-chê*	procurar
cheveux *m.pl.*	*che-veew*	cabelo
chez	*chê*	em casa (empresa)
choisir	*chuá-sir*	escolher
chouette	*chu-ét*	ótimo
cinq	*saNk*	cinco
cinquante	*saN-kahNt*	cinquenta
cintre *m.*	*saNtr*	cabide
ciseaux *m.*	*si-zo*	tesoura
citron *m.*	*si-trohN*	limão
citron pressé *m.*	*si-trohN pre-sê*	limonada
clé (clef) *f.*	*klê*	chave
coffre *m.*	*kofr*	cofre
coiffeur (coiffeuse)	*kuá-feewr (feewz)*	cabeleireiro
combien (de + noun)	*kohN-byaN (de)*	quanto, muitos
comme	*kom*	como
commencer (à)	*kamahN-sê*	começar
comment	*kohN-mahN*	como
comprendre	*kohN-prahNdr*	entender
confiserie *f.*	*kohN-fiz-ri*	doceria
confiture *f.*	*kohN-fi-tewr*	geleia
connaître	*ko-netr*	familiarizar-se com
court	*kur*	curto
couteau *m.*	*ku-to*	custo
coûter	*ku-tê*	faca
couverture *f.*	*ku-ver-tewr*	cobertor
cravate *f.*	*kra-vat*	gravata
crayon *m.*	*kre-i-ohN*	lápis
crevette *f.*	*kre-vet*	camarão
cuir *m.*	*kewir*	couro

Continua...

Continuação...

Francês	Pronúncia	Português
d'accord	*da-kor*	de acordo
d'ailleurs	*dai-iéewr*	além disso
dans	*dahN*	em
de	*de*	de, qualquer
de bonne heure	*de bohN éewr*	cedo
décollage *m.*	*de-ko-laj*	decolagem
défendre	*de-fahNdr*	defender, proibir
déjà	*de-já*	já
déjeuner *m.*	*de-jeew-nê*	almoçar
demain *m.*	*de-maN*	amanhã
dentifrice *m.*	*dahN-ti-fris*	enxaguante bucal
dépenser	*de-pahN-sê*	gastar (dinheiro)
depuis	*de-pui*	desde
dernier (-ère)	*der-niê (ér)*	último
derrière	*der-riê (ér)*	atrás
des	*de*	de, desde (o, a), algum
deux	*dêew*	dois
devant	*de-vahN*	em frente à
devoir	*de-vuár*	ter que
dimanche *m.*	*di-mahNch*	domingo
dinde *f.*	*daNd*	peru
dire	*dir*	falar, dizer
dix	*dis*	dez
dix-huit	*diz-ewit*	dezoito
dix-neuf	*diz-neewf*	dezenove
dix-sept	*di-set*	dezessete
donner	*do-nê*	dar
dormir	*dor-mir*	dormir
douane *f.*	*du-an*	alfândega
douche *f.*	*duch*	banho
douze	*duz*	doze

Continua...

Continuação...

Francês	Pronúncia	Português
du	*du*	de, do (o), algum
écouter	*e-ku-tê*	ouvir
écrire	*e-krir*	escrever
église *f.*	*e gliz*	igreja
elle	*él*	ela, dela
elles	*él*	elas, delas
en	*ahN*	algum, alguns deles
encore	*ahN-kor*	ainda, de novo
enfant *m. f.*	*ahN-fahN*	criança
enfin	*ahN-faN*	finalmente, enfim
enlever	*ahN-le-vê*	tirar, remover
ensemble	*ahN-sahNbl*	junto
ensuite	*ahN-suit*	então, após
entendre	*ahN-tahNdr*	escutar
entier (-ère)	*ahN-tiê (ér)*	inteiro, a
entre	*ahNtre*	entre
envoyer	*ahN-vuá-iê*	enviar
épicier (-ère)	*e-pi-si-ê (ér)*	verdureiro
escale *f.*	*es-kal*	escala
escalier *m.*	*es-ka-liê*	escada
Espagne *f.*	*es-panh*	Espanha
espérer	*es-pe-rê*	esperar
essayer (de)	*e-se-iê (de)*	tentar
essence *f.*	*e-sahNs*	gasolina
est *m.*	*é*	leste
étage *m.*	*e-taj*	andar
États-Unis *m.pl*	*eta-zu-ni*	Estados Unidos
été *m.*	*e-tê*	verão
étiquette *f.*	*e-ti-ket*	etiqueta
étranger (-ère)	*e-trahN-gê (gér)*	estrangeiro
être	*étr*	ser, estar

Continua...

Continuação...

Francês	Pronúncia	Português
eux	*eew*	eles, elas (O.D.)
facile	*fa-sil*	fácil
faire	*fér*	fazer
faux (fausse)	*fô (fos)*	falso
femme *f.*	*fém*	mulher, esposa
fenêtre *f.*	*fe-netr*	janela
fermer	*fer-mê*	fechar
fêter	*fe-tê*	celebrar
février *m.*	*fe-vri-ê*	fevereiro
fille *f.*	*fi-ie*	filha, menina
fils *m.*	*fils*	filho
finir	*fi-nir*	acabar
fourchette *f.*	*fur-chet*	garfo
frais (fraîche)	*fré*	fresco
fraise *f.*	*fréz*	morango
framboise *f.*	*frahN-buáz*	framboesa
français	*frahN-sé*	francês
frère *m.*	*frér*	irmão
fromage *m.*	*fro-maj*	queijo
fruits de mer *m.pl*	*frui de mér*	frutos do mar
fumer	*few mê*	fumar
gagner	*ga-nhê*	ganhar
garçon *m.*	*gar-sohN*	menino, garçom
gâteau *m.*	*ga-tô*	bolo
gazeux (-euse)	*ga-zeew*	gasosa
gérant *m.*	*ge-rahN*	gerente
glace *f.*	*glas*	sorvete, espelho
glaçons *m.pl.*	*gla-sohN*	cubos de gelo
grand	*grahN*	grande
gris	*gri*	cinza
guichet *m.*	*gui-chê*	janela

Continua...

Continuação...

Francês	Pronúncia	Português
heure *f.*	*heewr*	hora
hier	*iér*	ontem
hiver *m.*	*i-vér*	inverno
homard *m.*	*o-mar*	lagosta
homme *m.*	*om*	homem
huit	*ewi*	oito
huître *f.*	*ewitr*	ostra
hypermarché *m.*	*i-per-mar-chê*	supermercado
ici	*i-si*	aqui
il	*il*	ele
il y a (+ tempo)	*il i a*	há (+ tempo)
ils	*il*	eles
immeuble *m.*	*i-meewbl*	apartamento
imperméable *m.*	*aN-per-meabl*	capa de chuva
jamais	*ja-mé*	nunca, já
jambon *m.*	*jahN bohN*	presunto
janvier *m.*	*jahN-viê*	janeiro
jaune	*jon*	amarelo
je	*je*	eu
jeudi *m.*	*jeew-di*	quinta-feira
joli	*jo-li*	bonita
jouer	*juê*	jogar, risco
jour *m.*	*jur*	dia
journal *m.*	*jur-nal*	jornal
juillet *m.*	*jui-iê*	julho
juin *m.*	*juaN*	junho
jupe *f.*	*jewp*	saia

Continua...

Continuação...

Francês	Pronúncia	Português
jus de *m.* (+ nome da fruta)	*jew de*	*suco de fruta m*
kiosk à journaux *m.*	*ki-osk a jur-nô*	banca de jornal
la	*la*	o, a, ela
là	*la*	lá
laisser	*lessê*	deixar (atrás)
lait *m.*	*lé*	leite
laitue *f.*	*le-tew*	alface
laquelle	*la-kel*	a qual, da qual
le	*le*	o, ele
légume *m.*	*le-gewm*	vegetais, legumes
lentement	*lahNt-mahN*	lentamente
lequel	*le-kel*	o qual, do qual
les	*le*	os, eles
lettre *f.*	*le-tr*	carta
leur (s)	*léewr*	deles, delas
librairie *f.*	*li-bre-ri*	livraria
lire	*lir*	ler
lit *m.*	*li*	cama
livre *m.*	*livr*	livro
location de voitures *f.*	*lo-ka-siohN de vuá-tewr*	aluguel de carros
loin (de)	*loaN (de)*	longe (de)
longtemps	*lohN-tahN*	há muito tempo
louer	*lu-e*	alugar
lourd	*lur*	pesado
lui	*lewi*	ele, a ele, ela
lundi *m.*	*luhN-di*	segunda-feira
lunettes de soleil *f. pl*	*lew-net de so-lei*	óculos de sol
magasin *m.*	*ma-ga-zaN*	loja

Continua...

Continuação...

Francês	Pronúncia	Português
mai *m.*	*mé*	maio
maillot de bain *m.*	*mai-iô de baN*	roupa de banho
main *f.*	*maN*	mão
maintenant	*maNt-nahN*	agora
maison *f.*	*me-zohN*	casa
malade	*ma-lad*	doente
manger	*mahN-jê*	comer
manteau *m.*	*mahN-to*	casaco
maquillage *m.*	*ma-ki-aj*	maquiagem
mardi *m.*	*mar-di*	terça-feira
mari *m.*	*ma-ri*	marido
maroquinerie *f.*	*ma-ro-kiN-ri*	loja de artigos de couro
mars *m.*	*mars*	março
mauvais	*mo-vé*	ruim
me	*me*	mim, a mim
médecin *m.*	*med-saN*	médico
médicament *m.*	*me-di-ka-mahN*	remédio
meilleur	*mei-iéewr*	melhor
même	*mem*	mesmo
mer *f.*	*mér*	mar
mercredi *m.*	*mer-kre-di*	quarta-feira
mère *f.*	*mér*	mãe
mes	*me*	meu
météo *f.*	*me-te-ô*	meteorologia
métro *m.*	*me-trô*	metrô
mettre	*metr*	colocar
midi *m.*	*mi-di*	meio-dia
mieux	*mieew*	melhor
mille *m.*	*mil*	mil
minuit *m.*	*mi-newi*	meia-noite

Continua...

Continuação...

Francês	Pronúncia	Português
moi	*muá*	meu, eu
moins	*moaN*	menos
mois	*muá*	mês
monter	*mohN-tê*	subir
montre *f.*	*mohNtr*	assistir, ver
montrer	*mohN-trê*	mostrar
musée *m.*	*mew-sê*	museu
n'est-ce pas	*nés-pa*	não é
n'importe	*naN-port*	não tem problema, não importa
ne ... jamais	*ne ... ja-mé*	nunca
ne ... plus	*ne ... plew*	não mais
ne ... rien	*ne ... riahN*	nada, qualquer coisa
neige *f.*	*néj*	neve
nettoyer	*ne-tuá-iê*	limpar
neuf	*neewf*	nove
noir	*nuár*	preto
noix *f.*	*nuá*	noz
nord *m.*	*nór*	norte
nos	*no*	nós
notre	*notr*	nossa, nossa
nous	*nu*	nós
nouveau (nouvelle)	*nu-vô (nu-vel)*	novo, nova
novembre *m.*	*no-vahNbr*	novembro
nuage *m.*	*new-aj*	nuvem
objets trouvés *m.pl*	*ob-jé tru-vê*	achados e perdidos
octobre *m.*	*ok-tobr*	outubro
oeuf *m.*	*eewf*	ovo
oignon *m.*	*uá-nhohN*	cebola
on	*ohN*	um, uma, nós, eles, você

Continua...

Continuação...

Francês	Pronúncia	Português
onze	*ohNz*	onze
or *m.*	*or*	ouro
orage *m.*	*o-raj*	tempestade
où	*u*	onde
ouest *m.*	*uest*	oeste
ouvert	*u-ver*	abrir
pain *m.*	*paN*	pão
pantalon *m.*	*pahN-ta-lohN*	calça
par	*par*	para, através, por
parapluie *m.*	*pa-ra-plewi*	guarda-chuva
parfois	*par-fuá*	às vezes
parler	*par-lê*	falar
partir	*par-ti*	partir
pendant	*pahN-dahN*	durante
penser (à) (de)	*pahN-sê a*	pensar (sobre) (em)
perdre	*perdr*	perder
père *m.*	*per*	pai
petit	*pe-ti*	pequeno
peu (de)	*peew de*	pouco
piscine *f.*	*pi-sin*	piscina
plage *f.*	*plaj*	praia
pluie	*plewi*	chuva
plus	*plew*	mais
pneu *m.*	*pneew*	pneu
poisson *m.*	*puá-sohN*	peixe
poivre *m.*	*puávr*	pimenta
pomme *f.*	*pom*	maçã
pomme de terre *f.*	*pom de ter*	batata
porte *f.*	*port*	porta, portão
portefeuille *m.*	*por te-feewil*	carteira

Continua...

Continuação...

Francês	Pronúncia	Português
porter	*por-tê*	vestir, carregar
porteur *m.*	*por-teewr*	portar, carregar
portier *m.*	*por-tiê*	porteiro
poulet *m.*	*pu-lê*	frango
pour	*pur*	por, a fim de
pourquoi	*pur kuá*	porque
pouvoir	*pu-vuár*	poder
premier (-ère)	*pre-miê (ér)*	primeiro
prendre	*prahNdr*	pegar, levar
près (de)	*pré (de)*	perto
presque	*présk*	quase
prêter	*pre-tê*	emprestar
printemps *m.*	*praN-tahN*	primavera
prix *m.*	*pri*	preço
prochain	*pro-chaN*	próximo, perto
propre	*propr*	limpo
puis	*pewi*	então
qu'est-ce que	*kes-k*	o que
quand	*kahN*	quando
quarante	*ka-rahN*	quarenta
quatorze	*ka-torz*	catorze
quatre	*katr*	quatro
quatre-vingt-dix	*katr vaN-dis*	noventa
quatre-vingts	*katr vaN*	oitenta
que	*ke*	que, o que
quel(le)(s)	*kel*	o qual, a qual, o que
quelquefois	*kel-ke-fuá*	às vezes
qui	*ki*	a quem, quem
quinze	*kaNz*	quinze
recevoir	*re-se-vuár*	receber

Continua...

Continuação...

Francês	Pronúncia	Português
reçu m.	*re-sew*	recibo
regarder	*re-gar-dê*	olhar, assistir
rencontrer	*rahN-kohN-trê*	encontrar
rendre	*rahNdr*	devolver, retornar
renseignements *m.*	*rahN-se-nhe-mahN*	informação
rentrer	*rahN-trê*	entrar
réparer	*re-pa-rê*	reparar, consertar
répéter	*re-pe-tê*	repetir
répondre (à)	*re-pohNdr*	responder
rester	*res-tê*	ficar, permanecer
rez-de-chaussée m.	*re-de-cho-sê*	térreo
robe *f.*	*rób*	vestido
rouge	*ruj*	vermelho
sa	*sa*	seu, sua
sac (à main) *m.*	*sak (a maN)*	bolsa de mão
salle *f.*	*sal*	sala
saluer	*sa-lewê*	cumprimentar
salut	*sa-lew*	oi, olá
samedi *m.*	*sam-di*	sábado
sans	*sahN*	sem
sans doute	*saN-dut*	sem dúvida
savoir	*sa-vuár*	saber
savon *m.*	*sa-vohN*	sabão
se	*se*	a ele mesmo (ela) (eles, elas)
seize	*sez*	dezesseis
sel *m.*	*sel*	sal
semaine *f.*	*semen*	semana
sembler	*sahN-blê*	parecer

Continua...

Continuação...

Francês	Pronúncia	Português
sept	*set*	sete
septembre *m.*	*sep-tahNbr*	setembro
ses	*se*	seu, sua
seulement	*séewl-mahN*	somente
siège *m.*	*si-éj*	cadeira, assento
six	*sis*	seis
soeur *f.*	*soeewr*	irmã
soi	*suá*	si mesmo
soixante	*suá-sahNt*	sessenta
soixante-dix	*suá-sahNt-dis*	setenta
soleil *m.*	*so-lei*	sol
son	*soh\n*	seu, sua
sortie *f.*	*sor-ti*	saída
sortie de secours *f.*	*sor-ti de se-kur*	saída de emergência
sortir	*sor-tir*	sair
souhaiter	*su-e-tê*	desejar
sous	*su*	debaixo, dentro
sous-sol *m.*	*sou-sol*	subsolo
souvent	*su-vahN*	frequente
sucre *m.*	*sewkr*	açúcar
sud *m.*	*sewd*	sul
sur	*sewr*	sobre
sympathique	*saN-pa-tik*	simpático
ta	*ta*	seu, sua
tailleur *m.*	*tai-iéewr*	terno
tard	*tar*	tarde
tarif *m.*	*ta-rif*	preço, tarifa
te	*te*	teu, tua, a você
tempête *f.*	*tahN-pet*	tempestade
terre *f.*	*tér*	terra

Continua...

Continuação...

Francês	Pronúncia	Português
tes	*te*	seus, suas (fam.)
timbre *m.*	*taNbr*	selo
tirer	*ti-rê*	puxar, atirar
toi	*tuá*	você
ton	*tohN*	seu, sua (fam.)
tôt	*tô*	rápido, cedo
toujours	*tu-jur*	sempre
tout	*tu*	todo
tout de suite	*tu de sewit*	imediatamente
travailler	*tra-vai-iê*	trabalhar
traverser	*tra-ver-sê*	atravessar, cruzar
treize	*tréz*	treze
trente	*trahNt*	trinta
très	*tré*	muito
trois	*truá*	três
trop (de)	*tro (de)*	muito de
trouver	*tru-vê*	encontrar
tu	*tew*	você
un,une	*ahN, uwn*	um, uma
valoir	*va-luár*	valer a pena
veau *m.*	*vo*	vitela, bezerro
veille *f.*	*vei*	véspera
vendredi *m.*	*vahN-dre-di*	sexta-feira
vent *m.*	*vaN*	vento
verre *m.*	*ver*	copo
vers	*ver*	em direção a
vert	*ver*	verde
vêtements *m.*	*vet-mahN*	roupas
viande *f.*	*vi-ahNd*	carne
vide	*vid*	vazio

Continua...

Continuação...

Francês	Pronúncia	Português
vieux (vieille)	*vieew (viéi)*	velho, velha
vin *m.*	*vaN*	vinho
vingt	*vaN*	vinte
vite	*vit*	rapidamente
voir	*vuár*	ver
voiture *f.*	*vuá-tewr*	carro
vol *m.*	*vol*	voo
volaille *f.*	*vo-laie*	aves
vos	*vo*	vós
votre	*vótr*	vosso
vouloir	*vu-luár*	querer
vous	*vu*	você, a você
vraiment	*vré-mahN*	realmente, verdadeiramente
y	*i*	lá

Apêndice C

Dicionário Português-Francês

Português	Francês	Pronúncia
a qual, o qual	quel(le)(s)	*kel*
a que horas	à quelle heure	*a kel héewr*
à tarde	l'après-midi *m.*	*la-pré-mi-di*
à, ao	à la, à l', au, aux	*a la, a l, o, o*
a, para	à	*a*
abaixo	au-dessous de	*o dsu de*
abril	avril *m.*	*a-vril*
abrir	ouvert	*u-ver*
acabar	achever, finir	*ach-vê, fi-nir*
achados e perdidos	objets trouvés *m.*	*ob-jé tru-vê*
acima	au-dessus de	*o d-sew de*
acontecer	avoir lieu	*a-vuár lieew*
açougue	boucherie *f.*	*buch-ri*
açúcar	sucre m.	*sewkr*
aeroporto	aéroport *m.*	*a-e-ro-por*
agenda telefônica	annuaire *m.*	*a-new-ér*
agora	maintenant	*maNt-nahN*
agosto	août *m.*	*u(t)*
água mineral com gás, sem gás	eau minérale *f.* gazeuse plate	*ô mi-ne-ral ga-zeewz, plat*
ainda	encore	*ahN-kor*
ainda, sempre	encore, toujours	*ahN-kor, tu-jur*

Continua...

Continuação...

Português	Francês	Pronúncia
ajudar	aider	*e-dê*
Alemanha	Allemagne *f.*	*a-le-manh*
alface	laitue *f.*	*le-tew*
alfaiate	tailleur *m.*	*tai-iéewr*
alfândega	douane *f.*	*du-an*
algum, alguns	de, de la, de l',des, du	*de, de la, de l, de, dew*
aluguel de veículo	location de voitures *f.*	*lo-ka-siohN de vuá-tewr*
amanhã	demain *m.*	*de-maN*
amar	aimer	*e-mê*
amarelo	jaune	*jon*
amigo	ami *m.*	*a-mi*
andar	étage *m.*	*e-taj*
anel	bague *f.*	*bag*
ano	an *m.*, année *f.*	*a-nê*
anteontem	avant-hier	*avahN-tiér*
antes	avant	*avahN*
ao invés (de)	au lieu (de)	*o liêew*
ao mesmo tempo	à la fois, en même temps	*a la fuá, ahN mem tahN*
após	après, ensuite	*a-pré, ahN-sewit*
aquele	ces	*se*
aqui	ici	*i-si*
ar condicionado	climatisation *f.*	*kli-ma-ti-za-siohN*
arroz	riz *m.*	*ri*
artigo de escritório	papier à lettres *m.*	*pa-piê a tétr*
às vezes	parfois, quelquefois	*par-fuá, kelk-fuá*
aspirina	aspirine *f.*	*as-pi-rin*

Continua...

Continuação...

Português	Francês	Pronúncia
assento	place *f.*, siège *m.*	*plas, siéj*
assinar	signer	*si-nhê*
até logo	au revoir	*o re-vuár*
até	jusqu'à	*jus-ka*
aterrissar(avião)	atterrir	*a-te-rir*
há (+ tempo)	il y a (+ tempo)	*i-liá*
atrás	derrière, en arrière	*de-ri-ér ahN ari-ér*
atrasado (ao chegar)	en retard	*ahN re-tar*
através de	à travers	*a-tra-vér*
através, por	à travers, par	*a-tra-vér, par*
avião	avion *m.*	*a-viohN*
azul	bleu	*bleew*
bagagem	bagages *m.*	*ba-gaj*
bala	bonbon *m.*	*bohN-bohN*
banca de jornal	kiosk à journaux *m.*	*ki-osk a jur-nô*
Band-aid	pansement adhésif m.	*pahNs-mahN a-de-zif*
banheiro	toilettes *f. pl.*,W.C. *m.*	*tuá-let, dubl-vê*
banho	douche *f.*	*duch*
barco	bateau *m.*	*ba-tô*
batata	pomme de terre *f.*	*pom de tér*
baunilha	vanille *f.*	*va-niê*
beber	boire	*buár*
bebida	boisson *f.*	*buá-sohN*
bem	bien	*byaN*
bife	bifteck *m.*	*bif-tek*
biscoito	biscuit *m.*	*bis-kewi*
blusa	chemisier *m.*	*che-mi-ziê*

Continua...

Continuação...

Português	Francês	Pronúncia
boi	boeuf *m.*	*beewf*
bolo	gâteau *m.*	*ga-tô*
bolsa de mão	sac (à main) *m.*	*sak (a maN)*
bom dia	bonjour	*bohN-jur*
bom, boa	bon(ne)	*bohN (bon)*
bonito (a)	beau (belle)	*bo (bel)*
bonito	joli	*jo-li*
bota	botte *f.*	*bot*
botão	bouton *m.*	*bu-tohN*
branco	blanc(he)	*blahN (ch)*
brincos	boucles d'oreille *f. pl.*	*bu-kl do-rei*
cabelos	cheveux *m.*	*che-veew*
cabide	cintre *m.*	*saNtr*
cabine (telefônica)	cabine téléphonique *f.*	*ka-bin te-le-fo-nik*
cachorro	chien *m.*	*chyaN*
cadeira	chaise *f.*, siège *m.*	*chéz, si-éj*
café	café *m.*	*ca-fê*
caixa de correio	boîte aux lettres *f.*	*buát o letr*
caixa registradora	caisse *f.*	*kes*
caixa	boîte *f.*	*buát*
calças	pantalon *m.*	*pahN-ta-lohN*
cama	lit *m.*	*li*
camarão	crevette *f.*	*kre-vet*
câmera fotográfica	appareil-photo *m.*	*a-pa-rei fo-tô*
camisa (masculina)	chemise *f.*	*che-miz*
caneta esferográfica	stylo à bille *m.*	*sti-lô a bi-iê*
canto	coin *m.*	*koaN*
cardápio	carte *f.*, menu *m.*	*kart, menew*
querido(a)	cher (chère)	*cher*
carregador	porteur *m.*	*por-teewr*

Continua...

Continuação...

Português	Francês	Pronúncia
carregar	porter	*por-tê*
carrinho	chariot *m.*	*cha-ri-ô*
carro	auto *f.*, voiture *f.*	*o-to, vuá-tewr*
carta aérea	aérogramme *m.*	*a-e-ro-gram*
carta	lettre *f.*	*letr*
cartão postal	carte postale *f.*	*kart pos-tal*
cartão	carte *f.*	*kart*
carteira	portefeuille *m.*	*port fêewiê*
casa de câmbio	bureau de change *m.*	*bew-rô de chahNj*
casa noturna	boîte de nuit *f.*, cabaret *m.*	*buát de newi ka-ba-ré*
casa	maison *f.*	*me-zohN*
casa, na (empresa) de	*chez*	*chê*
castelo	château *m.*	*cha-tô*
catorze	quatorze	*ka-torz*
cedo	de bonne heure, tôt	*de bohn éewr, tô*
cem	cent	*sahN*
cenoura	carotte *f.*	*ka-rot*
centro da cidade	en ville	*sahNtr vil*
centro de negócios	centre d'affaires *m.*	*sahNtr da-fér*
cerveja	bière *f.*	*bi-ér*
chá	thé *m.*	*tê*
chapéu	chapeau *m.*	*cha-pô*
chave	clé	*clê*
chegar	arriver	*a-ri-vê*
cinco	cinq	*saNk*
cinquenta	cinquante	*saN-kahNt*
cinto	ceinture *f.*	*saN-tewr*
cinza	gris	*gri*
cinzeiro	cendrier *m.*	*sahN-driê*

Continua...

Continuação...

Português	Francês	Pronúncia
claro, obviamente	bien entendu, bien sûr	*byaN nahN-tahN-dew, byaN sewr*
cobertor	couverture *f.*	*ku-ver-tewr*
código de área	indicatif *m.*	*aN-di-ka-tif*
cofre (caixa de depósito)	coffre *m.*	*kofr*
cogumelo	champignon *m.*	*chahN-pi-nhohN*
colher de chá	cuiller *f.*	*kewi-iér*
colocar	mettre	*métr*
começar	commencer (à)	*ko-mahN-sê*
comer	manger	*mahN-jê*
comerciante	commerçant	*ko-mer-sahN*
como	comment	*ko-mahN*
comprar, ir	faire des achats (emplettes)	*fér de za-chá (ahN-plet)*
concordar (com)	être d'accord (avec)	*étr da-kor*
consertar	réparer	*re-pa-rê*
contador	comptoir *m.*	*kohN-tuár*
contra	contre	*kohNtr*
convidar	inviter	*aN-vi-tê*
copo	tasse *f.*	*tas*
corte de cabelo	coupe de cheveux *f.*	*kup de che-veew*
cozinhar	cuisine *f.*	*kew-zin*
criança	enfant *m.* ou *f.*	*ahN-fahN*
cubos de gelo	glaçons *m.*	*gla-sohN*
curto	court	*kur*
custar	coûter	*ku-tê*
dar	donner	*do-nê*
de (a, o, as, os)	de, de la, de l', du, des	*de, de la, de l, dew, de*

Continua...

Continuação...

Português	Francês	Pronúncia
de (a,o)	de (du, de la, de l')	*de (dew, de la, de l)*
de manhã	le matin	*le ma-taN*
de novo	encore	*ahN-kor*
de	de, de la, de l', des, du, en	*de, de la, de l, de, dew, ahN*
de, da	de	*d*
debaixo, dentro	sous	*su*
decolar (avião)	décollage *m.*	*de-ko-laj*
deixar (para trás)	partir, quitter, (laisser)	*par-tir, ki-tê (le-sê)*
delegacia de polícia	commissariat *m.* de police	*ko-mi-sa-ri-a de po-lis*
deles, delas, seus, suas	leur(s)	*léewr*
delicatessen	charuterie *f.*	*cha-rew-te-ri*
dente	dent *f.*	*dahN*
depois	après	*a-pré*
desde	depuis	*de-pewi*
desejar	souhaiter	*su-e-tê*
desembarcar	débarquer	*de-bar-kê*
deslizar	glisser	*gli-sê*
deste	ce	*se*
devolver	rendre	*rahNdr*
dez	dix	*dis*
dezembro	décembre *m.*	*de-sahNbr*
dezenove	dix-neuf	*dis-neewf*
dezesseis	seize	*séz*
dezessete	dix-sept	*di-set*
dezoito	dix-huit	*diz-ewit*
depois de amanhã	après-demain *m.*	*a-pré de-maN*

Continua...

Continuação...

Português	Francês	Pronúncia
dia	jour *m.*	*jur*
dinheiro	argent *m.*	*ar-jahN*
direita, a (de)	à droite (de)	*a druát (de)*
divertido	amusant	*a-mew-zahN*
dizer	dire	*dir*
dizer, contar	dire, raconter	*dir, ra-kohN-tê*
doceria	confiserie *f.*	*kohN-fiz-ri*
doce	doux (douce), sucré	*du (dus), sew-krê*
doente	malade	*ma-lad*
dois	deux	*deew*
domingo	dimanche *m.*	*di-mahNch*
dor de dente	rage *f.* de dents	*naj de dahN*
dor	douleur f.	*du-léewr*
dormir	dormir	*dor-mir*
doze	douze	*duz*
durante	pendant	*pahN-dahN*
dúzia	douzaine de	*du-zen de*
é isso	c'est	*sé*
ela	elle	*él*
ele	il, lui	*il, lewi*
eles	ils, eux	*il, eew*
eles, elas	ils, elles	*il, él*
elevador	ascenseur *m.*	*a-sahN-séewr*
em cima	en haut	*ahN o*
em direção à	vers	*vér*
em tempo, a tempo	à l'heure, à temps	*a léewr, a tahN*
em	dans	*dahN*
embaixada	ambassade *f.*	*ahN-ba-sad*

Continua...

Continuação...

Português	Francês	Pronúncia
embrulhar	emballer	*ahN-ba-lê*
empregada	fille de chambre *f.*	*fi-iê de chahNbr*
emprestar	prêter	*pre-tê*
encontrar	trouver	*tru-vê*
encontrar, descobrir	rencontrer, dé couvrir	*rahN-kohN-trê, de-ku-vrir*
engraçado	comique, drôle	*ko-mik, drol*
então	alors, ensuite, puis	*a-lor, ahN-sewit, pewi*
entender	comprendre	*kohN-prahNdr*
entrada	entrée *f.*	*ahN-trê*
entrar	entrer	*ahN-trê*
entre	entre	*ahNtr*
enviar	envoyer	*ahN-vuá-iê*
erro	faute *f.*, erreur *f.*	*fot, e-reewr*
escada	escalier *m.*	*es-ka-liê*
escolher	choisir	*chuá-zir*
escova de dente	brosse à dents *f.*	*bros a dahN*
escova	brosse *f.*	*bros*
escrever	écrire	*ê-krir*
escuro	foncé	*fohN-sê*
Espanha	Espagne *f.*	*es-pahn*
espelho	glace *f.*, miroir *m.*	*glas, mi-ruár*
esperar (por)	attendre	*a-tahNdr*
esposa	femme *f.*	*fahNm*
esquecer	oublier	*u-bli-ê*
esquerda, à esquerda (de)	à gauche (de)	*a goch*
Estados Unidos	États-Unis *m.*	*e-ta-zu-ni*
estrangeiro	étranger (-ère)	*e-trahN-jê (jér)*

Continua...

Continuação...

Português	Francês	Pronúncia
estudante	élève *m.* ou *f.*, étudiant *m.*	*ê-lév* *e-tew-diahN*
eu	je	*je*
existe, existem	il y a	*i li a*
explicar	expliquer	*eks-pli-kê*
fácil	facile	*fa-sil*
falar	parler	*par-lê*
falhar	manquer, rater	*mahN-kê, ra-tê*
fatia	tranche *f.*	*trahNch*
favorito	favori(te)	*fa-vo-ri (t)*
fax	télécopie *f.*	*te-le-co-pi*
fazer	faire	*fé*
fechar	fermer	*fer-mê*
feliz	heureux (-euse)	*eew-reew (z)*
fevereiro	février *m.*	*fe-vri-ê*
ficar	rester	*res-tê*
ficha	jeton *m.*, fiche *f.*	*je-tohN, fich*
filha	fille *f.*	*fi-iê*
filho	fils *m.*	*fis*
fome, ter, estar	avoir faim	*a-vuár faN*
francês	français	*frahN-sé*
frango	poule *f.*, poulet *m.*	*pul, pu-lê*
frente, em ... de	devant	*de-vahN*
frequente	souvent	*su-vahN*
fresco	frais (fraîche)	*fré (fréch)*
frutaria	fruiterie *f.*	*frewit-ri*
frutos do mar	fruits de mer *m.*	*frewi de mér*
fumar	fumer	*few-mê*
ganhar	gagner	*ga-nhê*
garfo	fourchette *f.*	*fur-chet*

Continua...

Continuação...

Português	Francês	Pronúncia
garota	fille f.	*fi-ie*
gasolina	essence *f.*	*e-sahNs*
gastar (dinheiro)	dépenser	*de-pahN-sê*
gastar (tempo)	passer	*pa-sê*
genial	génial	*je-ni-al*
gerente	gérant *m.*	*je-rahN*
gostar	aimer	*e-mê*
grampeador	agrafeuse *f.*	*a-gra-feewz*
grande	grand, gros(se)	*grahN, grô(s)*
guarda-chuva	parapluie *m.*	*pa-ra-plewi*
guardanapo	serviette *f.*	*ser-vi-et*
guichê	guichet *m.*	*gui-chê*
hambúrguer	hamburger *m.*	*ahN-bewr-guer*
hoje	aujourd'hui *m.*	*o-jur-dewi*
homem	homme *m.*	*om*
hora	heure *f.*	*éewr*
igreja	église *f.*	*ê-gliz*
imediatamente	tout de suite	*tu sewit*
informação	renseignements *m.*	*rahN-se-nhe-mahN*
Inglaterra	Angleterre *f.*	*ahN-gle-tér*
inverno	hiver *m.*	*i-vér*
ir	aller	*a-lê*
irmã	soeur *f.*	*séewr*
irmão	frère *m.*	*frér*
isqueiro	briquet *m.*	*bri-kê*
isto, esta	ce, cet, cette, cela, ça	*se, set, set, se-la, sa*
já	déjà	*de-ja*
janeiro	janvier *m.*	*jahN-viê*
jantar	dîner	*di-nê*

Continua...

Continuação...

Português	Francês	Pronúncia
joalheria	bijouterie *f.*	*bi-ju-t-ri*
jogar	jouer	*juê*
jogo, jogar uma partida de	faire une partie de	*fér ewn par-ti de*
jornal	journal *m.*	*jur-nal*
julho	juillet *m.*	*jewi-iê*
junho	juin *m.*	*juwaN*
junto	ensemble	*ahN-sahNbl*
lá	là, y	*la*
lã	laine *f.*	*len*
lápis	crayon *m.*	*cre-iohN*
laranja	orange *f.*	*o-rahNj*
lata	boîte *f.*	*buát*
lavagem a seco	nettoyer à sec	*ne-tuá-iê a sék*
lavanderia	blanchisserie *f.*	*blahN-chis-ri*
legumes	légume *m.*	*le-gewm*
leite	lait *m.*	*lé*
lentamente	lentement	*lahNt-mahN*
lente de contato	lentille *f.* de contact, verre *m.* de contact	*lahN-ti-iê de kohN-takt, ver de kohN-takt*
leste	est *m.*	*ést*
limão	citron *m.*	*si-trohN*
limpo	propre	*propr*
linha aérea	ligne aérienne *f.*	*linh a-e-ri-en*
livraria	librairie *f.*	*li-bre-ri*
livro	livre *m.*	*livr*
loja de artigos de couro	maroquinerie *f.*	*ma-ro-ki-ne-ri*
loja de departamento	grand magasin *m.*	*grahN ma-ga-zaN*

Continua...

Continuação...

Português	Francês	Pronúncia
loja de suvenir	magasin de souvenirs *m.*	*ma-ga-zaN de su-ve-nir*
loja	boutique *f.*	*bu-tik*
longe (de)	loin (de)	*loaN (de)*
longo	long(ue)	*lohN (g)*
luva	gant *m.*	*gahN*
maçã	pomme *f.*	*pom*
mãe	mère *f.*	*mér*
maio	mai *m.*	*mé*
mais	plus	*plew*
mal	mauvais	*mo-vé*
maleta	valise *f.*	*va-liz*
manhã, (da)	matin m. (du)	*ma-taN (dew)*
manteiga	beurre *m.*	*béewr*
manter	garder	*gar-dê*
mão	main *f.*	*maN*
março	mars *m.*	*mars*
marido	mari m.	*ma-ri*
marrom	brun, marron	*bruhN, ma-rohN*
me desculpe	pardon	*par-dohN*
mecânico	mécanicien(ne)	*me-ca-ni-syahN (syehN)*
médico	docteur *m.*,médecin *m.*	*dok-téewr, med-saN*
ter medo . . . (de)	avoir peur (de)	*a-vuár péewr (de)*
meia- noite	minuit *m.*	*mi-newi*
meias	chaussettes *f.*	*cho-sét*
meio-dia	midi *m.*	*mi-di*
meio quilo	demi-kilo de *m.*, cinq cents grammes de	*de-mi ki-lô, saNk sahN gram de*
meio, no ... (de)	au milieu ... (de)	*o mi-lieew de*
melhor	meilleur, mieux	*mei-iéewr, miêew*

Continua...

Continuação...

Português	Francês	Pronúncia
menino	garçon *m.*	*gar-sohN*
menos	moins	*moaN*
mercadoria	marchandise *f.*	*mar-chahN-diz*
mercearia	épicerie *f.*	*e-pi-se-ri*
mês	mois *m.*	*muá*
mesa	table *f.*	*tabl*
mesmo, (tudo)	même, (tout de même)	*mem, (tu mem)*
metrô	métro *m.*	*me-trô*
meu, minha, meus, minhas	mon, ma, mes, mes	*mohN, ma me, me*
mil	mille *m.*	*mil*
milhão	million *m.*	*mil-iohN*
minuto	minute *f.*	*mi-newt*
morar (em)	demeurer, habiter	*de-meew-rê, a-bi-tê*
mostarda	moutarde *f.*	*mu-tard*
muito tempo	longtemps	*lohN-tahN*
muito	beaucoup (de)	*bo-ku*
muito	très	*tré*
muito	trop (de)	*trô (de)*
mulher	femme *f.*	*fem*
museu	musée *m.*	*mew-zê*
nada	ne . . . rien	*ne . . . ryaN*
nadar	nager	*na-jê*
não mais	ne ... plus	*ne . . . plew*
não	non	*nohN*
noite	nuit *f.*	*newi*
norte	nord *m.*	*nór*
nós	nous	*nu*
nosso, nossos	nos, notre	*nô, notr*
notícia	informations *f.*	*aN-for-ma-syohN*

Continua...

Continuação...

Português	Francês	Pronúncia
nove	neuf	*nêewf*
novembro	novembre *m.*	*no-vahNbr*
noventa	quatre-vingt-dix	*katr-vaN-dis*
novo	neuf, nouveau (nouvelle)	*neewf, nu-vô (nu-vél)*
número de telefone	numéro de téléphone *m.*	*new-me-rô de te-le-fon*
nunca	ne . . . jamais	*ne . . . ja-mé*
o que, qual	qu'est-ce que, que,quel(le), quoi	*kesk, kel, kuá*
o, a, os, as	le, la, les	*le, la, le*
tudo bem	d'accord, ça va	*da-kor, sa va*
óculos de sol	lunettes de soleil f.	*lew-net de so-lei*
oeste	ouest *m.*	*uest*
oi	salut	*sa-lew*
oitenta	quatre-vingts	*katr vaN*
oito	huit	*ewit*
óleo de bronzear	huile solaire *f.*	*ewil so-lér*
olhar	montre *f.*	*mohNtr*
olhar, assistir	regarder	*re-gar-dê*
olho	oeil *m.* (pl. yeux)	*éil*
onde	où	*u*
ontem	hier	*iér*
onze	onze	*ohNz*
oposto	en face (de)	*ahN fas (de)*
ordem de pagamento	mandat-poste *m.*	*mahN-da post*
ordem	commander	*ko-mahN-dê*
ótimo	chouette, extra, formidable	*chu-et, eks-tra, for-mi-dabl*
outono	automne *m.*	*o-ton*
outubro	octobre *m.*	*ok-tobr*

Continua...

Continuação...

Português	Francês	Pronúncia
ouvido	oreille *f.*	*o-rei*
ouvir	écouter	*e-ku-tê*
ouvir, entender	entendre	*ahN-tahNdr*
ovo	oeuf *m.*	*eewf*
pacote	paquet *m.*	*pa-kê*
padaria	boulangerie *f.*	*bu-lahNj-ri*
pagar	payer	*pei-iê*
pai	père *m.*	*pér*
panfleto	brochure *f.*	*bro-chewr*
pão	pain *m.*	*paN*
papel higiênico	papier hygiénique *m.*	*pa-piê i-ji-e-nik*
papel	papier *m.*	*pa-piê*
para	pour	*pur*
parque	parc *m.*	*park*
partida	départ *m.*	*de-par*
pasta de dente	pâte dentifrice *f.*	*pat dahN-ti-fris*
pastilha	pastilles *f. pl*	*pas-ti-iê*
pegar	prendre	*prahNdr*
peixaria	poissonnerie *f.*	*puá-son-ri*
pensar	penser (à), (de)	*pahN-sê (a), (de)*
pente	peigne *m.*	*pe-nh*
pequeno	petit	*pe-ti*
perder	perdre	*perdr*
perfumaria	parfumerie *f.*	*par-fewm-ri*
perguntar	demander	*de-mahN-dê*
permanecer	rester	*res-tê*
pertencer a	être à	*êtr-a*
perto (de), ao lado (de)	près (de), à côté (de)	*pré (de), a co-tê (de)*
perturbar	déranger	*de-rahN-jê*

Continua...

Continuação...

Português	Francês	Pronúncia
peru	dinde *f.*	*daNd*
pesar	peser	*pe-zê*
picante	épicé *f.*	*pi-kahN (t)*
pílula	pilules *f.*	*pi-lew l*
poder	pouvoir	*pu-vuár*
ponto de ônibus	arrêt de bus *m.*	*a-ré de bews*
por favor	s'il vous (te) plaît	*sil vu (te) plé*
por que	pourquoi	*pur-kuá*
por	par	*par*
por, em ... para	pour	*pur*
porco	porc m.	*por*
porta	porte f.	*port*
portão	porte f.	*port*
postagem	affranchissement *m.*	*a-frahN-chis-mahN*
pote	bocal *m.*	*pô*
pouco	peu de	*peew de*
praia	plage *f.*	*plaj*
prato	assiette *f.*	*a-si-ét*
preço	prix *m.*, tarif *m.*	*pri, ta-rif*
presunto	jambon *m.*	*jahN-bohN*
preto	noir(e)	*nuár*
primavera	printemps *m.*	*praN-tahN*
problema	problème *m.*	*pro-blem*
procurar	chercher	*cher-chê*
propaganda	annonce publicitaire *f.*	*a-nohNs pew-bli-si-tér*
próximo, perto	prochain	*pro-chaN*
qual	lequel, laquelle	*le-kel, la-kel*
quando	quand	*kahN*
quanto	combien (de + noun)	*kohN-byaN (de)*

Continua...

Continuação...

Português	Francês	Pronúncia
quarenta	quarante	*ka-rahNt*
quarta-feira	mercredi *m.*	*mer-kre-di*
quase	presque	*presk*
quatro	quatre	*katr*
quem	qui	*ki*
queijo	fromage *m.*	*fro-maj*
querer	vouloir	*vu-luár*
quinta-feira	jeudi *m.*	*jeew-di*
quinze	quinze	*kaNz*
rapidamente	vite	*vit*
rápido	bîentôt, tôt	*byaN-tô, tô*
receber	recevoir	*re-se-vuár*
receita	ordonnance *f.*	*or-do-nahNs*
recibo	quittance *f.*, reçu *m.*	*ki-tahNs, re-sew*
remédio	médicament *m.*	*me-di-ka-mahN*
remover	enlever	*ahN-lvê*
repetir	répéter	*re-pe-tê*
reservar	réserver	*re-ser-vê*
resfriado	rhume *m.*	*rewm*
responder	répondre (à)	*re-pohNdr*
retornar	rentrer, retourner	*rahN-trê, re-tur-nê*
roupa de banho	maillot de bain *m.*	*mai-iô dbaN*
roupa	vêtements *m.*	*vet-mahN*
sábado	samedi *m.*	*sam-di*
sabão, (barra)	savon *m.*, (savonnette) *f.*	*sa-vohN (sa-vo-net)*
saber	savoir	*sa-vuár*
saia	jupe *f.*	*jemp*

Continua...

Continuação...

Português	Francês	Pronúncia
saída	sortie *f.*	*sor-ti*
sair	sortir	*sor-tir*
sal	sel *m.*	*sel*
sapateiro	cordonnier	*kor-do-niê*
sapatos	chaussures *f.*, souliers *m.*	*cho-sewr, su-liê*
seda	soie *f.*	*suá*
sede, ter, estar	avoir soif	*a-vuár suáf*
segunda-feira	lundi *m.*	*luhN-di*
segundo	deuxième,second(e)	*deew-zi-em, se-kohN (d)*
seis	six	*sis*
selo	timbre *m.*	*taNbr*
sem problemas	n'importe	*nahN-port*
sem	sans	*sahN*
semana	semaine *f.*	*se-mem*
sempre	toujours	*tu-jur*
senhor	monsieur *m.*	*m-sieewr*
senhora	madame *f.*	*ma-dam*
senhorita	mademoiselle *f.*	*ma-de-muázel*
ser, estar	être	*étr*
servir	servir	*ser-vir*
sessenta	soixante	*suá-sahNt*
sete	sept	*set*
setembro	septembre *m.*	*sep-tahNbr*
setenta	soixante-dix	*suá-sahNt-dis*
seu, sua, seus, suas (dele)	son, sa, ses	*sohN, sa, se*

Continua...

Continuação...

Português	Francês	Pronúncia
teu, tua, teus, tuas (fam.)	ton, ta, tes	*tohN, ta, te*
sexta-feira	vendredi *m.*	*vahN-dre-di*
xampu	shampooing *m.*	*shahN-poaN*
show	spectacle *m.*	*spek-takl*
simpático	aimable, gentil(le), sympathique	*e-mabl, jahN-ti, saN-pa-tik*
sobre	sur	*sewr*
somente	seulement	*seewl-mahN*
sorvete	glace *f.*	*glas*
substituir	remplacer	*rahN-pla-sê*
suco	jus (m.), jus de + nome da fruta	*jew (de)*
suficiente	assez de	*a-sê de*
Suíça	Suisse *f.*	*sew-is*
sujo	sale	*sal*
sul	sud *m.*	*sewd*
supermercado	supermarché *m.*	*sew-per-mar-chê*
tamanho	taille *f.*	*tai-iê*
também	aussi	*ô-si*
tarde	tard	*tar*
tarifa	tarif *m.*	*ta-ri*
lenço	mouchoir en papier *m.*	*mu-chár ahN pa-piê*
telefone público	téléphone public *m.*	*te-le-fon pew-blik*
telefone	téléphone *m.*	*te-le-fon*
televisão	télévision *f.*	*te-le-vi-ziohN*
tempo	temps *m.*, heure *f.*	*tahN, éewr*
tênis	tennis *f.*	*te-nis*

Continua...

Continuação...

Português	**Francês**	**Pronúncia**
tentar	essayer (de)	*e-sei-iê (de)*
ter necessidade de	avoir besoin (de)	*a-vuár be zoaN (de)*
ter razão	avoir raison	*a-vuár re-zohN*
ter tempo de	avoir le temps de	*a-vuár le tahN de*
ter	avoir	*a-vuár*
ter ... anos	avoir ... ans	*a-vuár . . . ahN*
terça-feira	mardi *m.*	*mar-di*
terminar	terminer	*ter-mi-nê*
térreo	rez-de-chaussée *m.*	*rê-de-chô-sê*
tesoura	ciseaux *m.*	*si-zô*
ticket	billet *m.*	*bi-iê*
tigela	bol *m.*	*bol*
tinturaria	teinturerie *f.*	*taN-tew-re-ri*
tirar	enlever	*ahN-lvê*
todo	tout	*tu*
torre	serviette *f.*	*ser-vi-et*
trabalhar	travailler	*tra-vai-iê*
transformador	transformateur *m.*	*trahNs-for-ma-téewr*
travesseiro	oreiller *m.*	*o-rei-iê*
trazer (coisa)	apporter	*a por-tê*
trazer (pessoa)	amener	*am-nê*
trazer de volta	remporter	*rahN-por-tê*
trem	train *m.*	*traN*
três	trois	*truá*
treze	treize	*trez*
trinta	trente	*trahNt*
trocar (cheque)	toucher	*tu-chê*
tudo	tout	*tu*

Continua...

Continuação...

Português	Francês	Pronúncia
último	dernier (-ère), passé(e)	*der-niê (ér), pa-sê*
um, uma	un, une	*ahN, ewn*
valor	valeur *f.*	*va-léewr*
veado	cerf	*sérf*
vendedor	vendeur (-euse)	*vahN-déewr (ewz)*
vender	vendre	*vahNdr*
ver	voir	*vuár*
verão	été *m.*	*ê-tê*
verde	vert	*ver*
vermelho	rouge	*ruj*
vestido	robe *f.*	*rob*
viagem	voyage *m.* (faire un)	*voi-iaj (fér ahN)*
viajar	voyager	*voi-iajê*
video cassete	magnétoscope *m.*	*ma-nhe-tos-cop*
vidro	verre *m.*	*vér*
vinho	vin *m.*	*vaN*
vinte	vingt	*vaN*
virar	tourner	*tur-nê*
você	tu	*tew*
vosso(s)	votre, vos	*votr, vo*
xarope contra tosse	sirop contre la toux *m.*	*si-rop cohNtr la tu*
zoológico	zoo *m.*	*zo*

Índice

Símbolos

A

B

C

D

E

F

G

H

I

J

L

Q

R

S

T

U

V

Y

Sobre o Autora

Gail Stein, M.A., é uma professora aposentada de língua estrangeira que lecionou em escolas públicas de Nova York nos ensinos médio e infantil e para adultos por mais de 33 anos. É autora de vários livros sobre a língua francesa e espanhola, incluindo outros livros desta série. Gail Stein também colaborou em um projeto de revisão do currículo Francês para o New York City Board of Education, e atuou como professora adjunta na Universidade de St. John's, no Programa de Extensão. Ela realizou apresentações e aulas de demonstração em muitas conferências de língua estrangeira. Essas aulas foram filmadas pelo New York City Board of Education para distribuição nacional.

Impresso na Rotaplan Gráfica e Editora LTDA
www.rotaplangrafica.com.br
Tel.: 21-2201-1444